专著出版分别受"16、17专业综合改革试点—财政学"(ZG0304)和"《预算法》财政执法检查理论与实践探索"(700791)两个项目的资助

基于制度环境视角的企业税收遵从行为研究

JIYU ZHIDU HUANJING SHIJIAO DE QIYE SHUISHOU ZUNCONG XINGWEI YANJIU

陈海宇 著

中国财经出版传媒集团
中国财政经济出版社

图书在版编目（CIP）数据

基于制度环境视角的企业税收遵从行为研究／陈海宇著．－－北京：中国财政经济出版社，2020.8
ISBN 978－7－5095－9329－5

Ⅰ．①基… Ⅱ．①陈… Ⅲ．①企业管理－税收筹划－研究－中国 Ⅳ．①F812.423

中国版本图书馆 CIP 数据核字（2019）第 233612 号

责任编辑：彭　波　　　　责任印制：史大鹏
封面设计：孙俪铭　　　　责任校对：李　丽

中国财政经济出版社 出版

URL：http://www.cfeph.cn
E-mail：cfeph@cfemg.cn
（版权所有　翻印必究）
社址：北京市海淀区阜成路甲 28 号　邮政编码：100142
营销中心电话：010－88191537
北京财经印刷厂印装　各地新华书店经销
710×1000 毫米　16 开　15.25 印张　200 000 字
2020 年 8 月第 1 版　2020 年 8 月北京第 1 次印刷
定价：68.00 元
ISBN 978－7－5095－9329－5
（图书出现印装问题，本社负责调换）
本社质量投诉电话：010－88190744
打击盗版举报热线：010－88191661　QQ：2242791300

前　　言

纳税不遵从问题并不是一个只存在某些国家或某个阶段的特殊问题，是世界各国政府都普遍面临的难题。而企业作为经济中的重要微观个体，其纳税遵从度的提高更是对一国财政收入的增长起着助推作用。随着我国经济增长步入"新常态"，财政收入增长也"慢"起来，这就使地方政府原本就突出的财政收支矛盾问题更加尖锐。在当前我国政府"减税降费"的政策背景下，既要为企业减负，又要保证财政的刚性支出，如何提高企业纳税遵从度，提升企业实际缴纳税款的比重，把那些应收的税收收入收上来便成为现实选择。已有的研究多是从税率、稽查概率和惩罚力度等方面寻求提高税收遵从度的手段，但从这些方面着手可能会在短时期内提高企业的税收遵从度，长期效应如何根本上还要受到当地制度环境的制约。这是因为，企业纳税行为是内生于当地制度环境的，为了实现自身利润最大化企业会依据外部条件的变化而不断调节自身的纳税遵从因子。因此，制度环境应当是我们考察企业税收遵从问题的一个重要因素。而且当前正是我国经济社会的全面转型期，不同地区之间的制度环境又差异较大，这些特殊的制度背景都为我们研究制度环境差异是如何影响企业税收遵从行为提供了得天独厚的条件。所以本书试图从制度视角为企业的纳税遵从行为提供一种解释，从而为企业纳税行为的优化指出可行的路径。

本书主要包含以下内容：第1章为导论，是对本书研究主题"制度环境与企业税收遵从"研究背景以及内容等方面的总体性阐述；第2章是税收遵从的基础理论，从税收遵从经典模型、税收遵从的测度方法以及个人与企业税收遵从研究的异同三个方面进行了理论上的梳理；第3章是中国企业税收遵从的经验观察，基于中国工业企业微观数据，分别从不同所有制类型、不同地区、不同行业、不同规模、不同生命周期阶段、不同税收征管强度对企业的纳税遵从度进行了定量上的比较分析；第4章是中国制度环境分析，基于中国省级宏观数据，分别从经济、政治、法律三个维度就现阶段中国制度环境的特征展开了描述；第5章是制度环境之于企业税收遵从的作用研究，主要分析了经济制度、政治制度、法律制度对企业纳税行为的影响，集合了税制设计、产权安排、财政分权、政治集权、税收法治等多个影响因子，揭示了背后的作用机理；第6章是经济制度影响企业税收遵从的实证检验，主要是从产权保护水平的角度分析，得到的研究发现在一定程度上为我国财政政策的制定提供了实践上的线索；第7章是政治制度影响企业税收遵从的实证检验，主要是从官员腐败的角度展开研究，分总体性和异质性的研究发现对于我国税收征管的重点方向以及反腐均具有一定的实践启示；第8章是法律制度影响企业税收遵从的实证检验，同样分总体性和异质性的研究发现也为我国的"税收法治"提供了经验上的证据；最后第9章是对全书的总结，主要是对书中重要观点的提炼以及政策建议的提出，同时也指出了本书研究的不足以及未来可能的研究方向。具体来看，本书研究产生了以下的主要结论：

第一，从整体来看，中国企业税收遵从程度还偏低，仍有很大的提升空间。具体来看：首先，大多数工业企业的实际税率均是小于甚至远远低于法定税率。其次，纵向比较看，大多数企业的实际税率在观察的时间段内不是逐渐提升的，而是呈现出逐年递减的趋势，说明随着时间的推移，税收不遵从问题不仅没有得到有效解决，反而是愈加严重。最后，横向比较看，在不同的企业所有制类型中，私营企业的实际税率最高，外资企业最低，国有企业也偏低，略高于外资企业；在不同的地区中，东部地区是企业实际税率最高的地区，中西部地区偏低；在不同的行业中，烟草、石油以及印刷等传统行业普遍企业实际税率比较高，而高新技术行业以及农副产品加工行业的企业实际税率比较低；在不同规模的企业中，大企业的实际税率低于小企业；在不同生命周期企业中，初创期企业的平均实际税率最低，成长期企业的平均实际税率最高，成熟期企业的平均实际税率略低于成长期企业。在不同的税收征管强度下，在较高的税收征管强度下，企业的实际税率也更高。

第二，中国的制度环境正在逐步改善，但区域差异较大。经济特征上，我国的市场化进程整体上速度加快，但区域间却存在明显的差异，东部地区是市场化进程最快的地区，遥遥领先于其他地区，西部地区进程最慢。政治特征上，我国官员腐败问题比较突出，虽然腐败案件数量整体上是趋于下降的，但呈现出复杂的特征：一是快速推进的市场化进程和高频发生的腐败案件是同时存在的；二是经济发展水平的高低与腐败案件数的多少并不存在必然的联系。法律特征上，我国的法律制度环境总体上在不断优化，区域差异仍然明显，东部地区是法律制度环境最好的地区，东北地区法律环境相对较好，西部地区最差，中部地区的法律制度环境略优于西部，但和西部地区均低于全国水平，从表现出来的特征看，经济发展水平与法律制度环境基本上成正比。

第三，企业的纳税行为是内生于当地制度环境的。经济制度上，从税制设计看，税率高低、税收政策及其内在的稳定性、税收征管环境都会影响企业的纳税行为；从产权安排看，当政府对企业产权保护水平较高时，企业的纳税遵从意愿就会比较高，反之，当政府对企业产权保护水平较低时，企业的纳税遵从意愿便会大大降低。政治制度上，地方政府行为是分析企业纳税行为的重要线索，当地方政府伸出"攫取之手"，政治晋升激励比较强，与辖区内企业形成政企关联时，都可能会加重企业的逃避税倾向，降低其纳税遵从度。法律制度上，如果征税不能被法定，而是依靠税务机关的"人治"，具有很大的随意性，在一定程度上就会破坏企业生产和投资的稳定预期，降低企业的纳税遵从意愿。

第四，"减税"可以提高企业税收遵从度，"减费"具有同样效用，而且，"减费"的政策效果可能要更强。基于产权保护水平影响企业纳税遵从的实证研究发现，企业的实际所得税率越高其纳税遵从度就越低；企业的非税负担越轻，政府对企业的产权保护水平越高，企业纳税遵从度也越高；减轻企业非税负担会弱化实际所得税率提高带来的负面效应。结果表明，税费负担过重是导致企业纳税不遵从现象普遍存在的重要原因，但调整非税收入的政策效果要更强，不仅可以直接提高企业纳税遵从度，还能对税率变化与纳税遵从两者的关系起到一定的调节作用。

第五，官员腐败并不是在所有情况下都会对企业的纳税遵从影响显著，其效用的发挥是有条件的，而需要我们重点关注的正是那些腐败能发挥显著作用的税收征纳情况。基于地区官员腐败程度影响企业纳税遵从的实证研究发现，一个地区的官员腐败程度与当地企业的纳税遵从度之间存在显著的负向关系，进一步，分组检验官员腐败对企业纳税遵从的异质性影响，研究发现，两者的负相关关系只在地税局征管、市场化水平较低地区、企业所有制类型为私营、地方政府财政压力较小的情况下显著，呈现出较强的差异化特征。

第六，无论是国税还是地税征管，抑或是市场化进程的快慢，良好的法治环境都可以改善当地企业的纳税行为，而且还会显著提高私营企业和外商独资企业的纳税遵从度。基于法治化水平影响企业纳税遵从的实证研究发现，一个地区的法治化水平越高，企业纳税遵从度也越高，进一步分组讨论法治化水平影响企业纳税遵从的异质性，研究发现，法治化影响不存在税收征管机构上的异质性，但却存在企业异质性，只对私企和外商独资企业影响显著，国企并不显著；对于不同的市场化进程地区，虽然法治环境的改善均可以提高企业纳税遵从度，但这一影响在市场化进程较快地区有所弱化，实际效果反而不如市场化进程较慢地区好。

作者

2019 年 10 月 15 日

目　　录

第1章　导　　论 ·· 1

　　1.1　研究背景及意义 ·· 3
　　1.2　基本概念界定 ·· 7
　　1.3　文献综述 ·· 9
　　1.4　研究内容和方法 ······································· 20
　　1.5　研究的主要创新点 ····································· 25

第2章　税收遵从的基础理论 ·································· 27

　　2.1　税收遵从的经典模型介绍 ······························· 29
　　2.2　税收遵从的测度 ······································· 35
　　2.3　从个人税收遵从到企业税收遵从 ························· 41

第3章　中国企业税收遵从的经验观察 ·························· 45

　　3.1　中国税收遵从问题的总体性概述 ························· 47
　　3.2　中国企业税收遵从的比较分析——以工业企业数据
　　　　 为例 ·· 55
　　3.3　中国企业税收遵从的基本判断 ··························· 71

第4章　中国制度环境分析 ···································· 77

　　4.1　中国制度环境的一般性与特殊性分析 ····················· 79

4.2 中国制度环境的历史变迁 …………………………………… 82
4.3 现阶段中国制度环境的特征描述 …………………………… 86

第5章 制度环境之于企业税收遵从的作用研究 …………………… 103
5.1 经济制度与企业税收遵从 …………………………………… 105
5.2 政治制度与企业税收遵从 …………………………………… 108
5.3 法律制度与企业税收遵从 …………………………………… 112

第6章 经济制度：产权保护水平影响企业税收遵从的实证分析 …………………………………………………………… 119
6.1 问题的提出 …………………………………………………… 121
6.2 理论分析与研究假说 ………………………………………… 123
6.3 研究设计 ……………………………………………………… 126
6.4 实证结果分析 ………………………………………………… 132
6.5 稳健性检验 …………………………………………………… 135
6.6 财政政策："减税"还是"减费" …………………………… 138

第7章 政治制度：官员腐败程度影响企业税收遵从的实证分析 ………………………………………………………… 141
7.1 问题的提出 …………………………………………………… 143
7.2 理论分析 ……………………………………………………… 145
7.3 研究设计 ……………………………………………………… 149
7.4 基准回归结果 ………………………………………………… 154
7.5 异质性检验 …………………………………………………… 156
7.6 稳健性检验 …………………………………………………… 162
7.7 反腐策略："一刀切"还是"差异化" …………………… 165

第8章 法律制度：法治化水平影响企业税收遵从的实证分析 … 167
8.1 问题的提出 …………………………………………………… 169

8.2 理论分析与研究假说 …………………………………… 171
8.3 研究设计 ………………………………………………… 175
8.4 基准回归结果 …………………………………………… 179
8.5 异质性检验 ……………………………………………… 182
8.6 稳健性检验 ……………………………………………… 189
8.7 税收征管:"人治"还是"法治" ……………………… 191

第9章 主要结论、政策建议与研究展望 ……………………… 195
9.1 研究结论 ………………………………………………… 197
9.2 政策启示 ………………………………………………… 203
9.3 研究不足与展望 ………………………………………… 206

参考文献 ……………………………………………………………… 208

基于制度环境视角的
企业税收遵从
行为研究

Chapter 1

第 1 章 导 论

第1章 导　　论

1.1　研究背景及意义

1.1.1　选题的背景

税收遵从问题一直以来都是税收研究领域的一个重点问题，可以说税收不遵从是伴随税收的产生就一直存在的。一方面，从"理性经济人"假设来看，追求自身效用最大化的纳税人本身就具有纳税不遵从的动机所在；另一方面，从税收的"无偿"性以及纳税人财产的"私有"性来看，这也从根本上决定了税收征纳双方的对立统一关系（朱晓波，2014）。因此，税收遵从问题不是一个阶段性的问题，更不是一个区域性的问题，而是一个全球都普遍存在的问题，只不过是在不同时期不同的环境下程度有所不同而已。而纳税不遵从带来的直接影响就是税收收入的流失，从世界范围内看，无论是发达国家抑或是发展中国家都饱受税收流失问题的困扰。据资料显示，在俄罗斯1996年的260万户企业中，仅有16.8%的企业是照章纳税的，偷逃税企业高达83.2%，而且还有34%的企业根本不纳税。在德国，有关专家估计每年仅偷逃税一项导致的税收流失就高达500亿马克左右。即使经济水平发达、法治水平健全的美国，税收流失情况依然不容乐观，据官方部门估计，目前美国联邦政府的税收流失率约为14%。而在发展中国家，税收流失现象更是普遍，像印度、巴西等国的税收流失率都高达50%，[1] 而据世界银行调查，乌干达更是存在50%的企业没有缴纳过任何税收。[2] 正处于经济社会全面转型的中

---

[1] 参考资料来自胡勇辉发表在《当代财经》2004年第3期"借鉴国外经验 治理我国税收流失"一文。

[2] 参考资料来自马光荣、李力行发表在《世界经济》2012年第6期"政府规模、地方治理与企业逃税"一文。

国,税收流失问题同样非常严重,贾绍华(2002)对我国20世纪90年代的税收收入流失情况进行了估算,我国税收流失的绝对规模在4000亿元左右;伍云峰(2008)的测算结果显示,1997~2006年,我国每年税收流失规模占GDP的比重为10%左右。从税收流失的巨大规模也可以窥探到我国税收收入存在的潜在风险。

税收不遵从问题造成的影响已经不仅仅是政府的税收收入,更会带来资源配置的扭曲和收入分配的不公,这是因为已经流失掉的税收收入并没有重新进入国民经济运行中,而是以少数人的利益为主导实现了资源与财富的再分配,这样就严重干扰了国民经济的正常运行秩序。正是因为税收不遵从问题带来的这些负面效应,如何解决税收不遵从问题,提高纳税人税收遵从度就成为重要的议题。而作为经济中的重要微观个体,企业的税收收入份额在整个税收收入份额中的比重更是占有重要地位,企业税收遵从度的提高无疑将会对一国的财政收入增长起着助推作用。这也是本书将企业税收遵从作为研究对象的一个现实出发点。从理论上看,影响税收遵从的因素一般可归结为税率、稽查概率以及惩罚力度三个方面,相应地,也多是从税率调整、加大对纳税违法行为的稽查概率和惩罚力度这几个方面寻求提高税收遵从度的手段。但我们认为,从稽查概率和惩罚力度这些方面着手可能会在短时期内提高企业的税收遵从度,但长期的效应如何从根本上提高企业纳税遵从度要受到当地制度环境的制约。之所以这样说,要分别从制度环境与企业纳税行为两个层面来分析,先从制度环境看,不同国家之间的制度环境存在显著的差异,即使是同一个国家不同地区之间的制度环境也存在较大的差异,这也就决定了即使在税制方面,如税率高低在国家层面是一样的,但很可能出现不同地方政府执行上的偏差,导致税收政策的最终效果不一;再看企业的纳税行为,如果制度环境可以被看成一种不完全的外生变量,那么企业的纳税行为就是可以调整的内生变量,在外部制度环境的影响下,企业为了实现自身的利润最大化会不断优化自己的纳税行为，或者更进一步说调整自己申报的税额大小，以保持对外部制度环境的高度适应性。

落实到中国现实的制度环境中，尚未完成由计划经济向市场经济完全转轨的中国无论是在产权保护水平、政府治理水平还是法治化水平等方面都与发达国家存在较大的差异，而且我国又存在较大的区域发展非均衡性，各个地区之间的制度环境差异明显，正是由于这些特殊的制度背景为我们研究制度环境差异是如何影响企业税收遵从行为提供了得天独厚的条件。当然，本书研究的初衷不只是说从制度视角为企业的纳税遵从行为提供一种解释，为企业纳税行为的优化指出可行的路径，更是置于我国当前经济增长和财政收入的大环境下考虑的。当前，我国经济增长放缓，步入"新常态"，而财政收入增长也随之低迷起来，部分省份更是出现财政收入告急的情况，如何增加财政收入就显得紧迫起来。在当前我国政府"减税降费"政策背景下，既要为企业减负，又要保证财政的刚性支出，如何提高企业纳税遵从度，提升企业实际缴纳税款的比重，把那些应收的税收收入收上来便成为现实选择。

1.1.2 研究的意义

本书的研究也具有较强的理论和实践上的意义：

（1）理论意义。经典的税收遵从理论多是从税收政策本身去寻找制约纳税人税收遵从度提高的因素，然而税收政策实施的制度背景却是这些经典模型很少提及的。而正是因为制度背景的不同，才会使税收政策作用于纳税人税收遵从程度的效果也是不同的。所以制度环境就构成纳税人税收遵从度提高的基础性制约，而这些又都是经典税收遵从理论所无法解释的，我们必须置于真实的具体环境中研究税收遵从才能进一步揭示其本质。因此，本书就以制度环境为切入点，在中国特殊的转轨体制背景下重新考察税收遵从问题，尤其是企业的税收遵从问题。目前国内学者对此的相关研究并不多，而且以数据为基础的实证分析更是少见。在书中，我们不仅利用翔实的微观和宏观数据分析了我国当前的企业税收遵从状况以及制度环境的特征，还从实证上对两者的关系进行了分析，动态考察了我国制度环境变化对企业税收遵从程度的影响。因而，本书不仅从制度环境层面为研究税收遵从问题提供了一个新的角度，还为制度环境与企业税收遵从之间的关系以及内部的作用机制提供了实证上的支持，在一定程度上弥补了现有研究的一些不足。

（2）实践意义。我们没有单从制度环境的整体出发，而是从制度环境的三个维度：经济制度、政治制度和法律制度分别考察了对企业税收遵从的影响，并且在具体的实证检验中还兼顾了对企业税收遵从的一般性和特殊性分析，得出了一些包括税收政策、政府腐败治理以及法制环境建设在内的实践启示，从而为相关政府部门政策的制定提供了理论上的支撑。从税收政策看，研究发现"减税"可以提高企业税收遵从度，"减费"具有同样的效用，而且，"减费"的政策效果可能会更强，所以仅仅"减税"还不足，"减税"还需"减费"。而且，从现实国情看，研究认为"清费立税"，为企业"减费"，调整政府税费结构，让费用的征收落在合理区间内，落实税收法定主义原则是当务之急。从政府的腐败治理看，研究发现，腐败是有其作用的路径和条件，因此，反腐不能"一刀切"，更多的是要遵循腐败发生作用的规律，具体问题具体分析，讲究反腐的策略性。从法制环境建设看，无论是国税还是地税征管，法治化水平的提高都能够显著改善企业纳税行为，而且法治化对企业纳税遵从的正向影响在市场化进程较慢地区的实际效果要更强，因此，我们应当更加重视市场化进程较慢地区的法治环境建设。最后，从提高企业税收遵从度来看，根据研究结论，地税征管、市场化进程较慢地区、私营企业以及地方政府财政压力较小时的税收征纳情况是需要我们予以重点关注的。

第 1 章 导　　论

1.2　基本概念界定

在进行本书的正式研究之前，有必要对书中涉及的核心概念加以准确界定，以更好把握书中的写作脉络。

1.2.1　税收遵从

税收遵从（tax compliance），简言之就是遵从税法的意思。但这里存在两个行为主体，一个是纳税人的税收遵从，还有一个是征税人的税收遵从。长期以来，我们一直强调的是纳税遵从，忽略了征税遵从，即征税机关及其工作人员对税法的遵从。不过，一般来说，提到税收遵从通常都指的是纳税遵从，本书的税收遵从也主要是从纳税遵从的角度进行研究的。

根据美国《联邦税收法典》对纳税遵从的定义："纳税遵从指的是纳税人实施的及时申报、正确申报以及及时缴纳税款等行为。"具体包括：（1）申报遵从，是指纳税人要及时、准确地向税务机关报告个人的应税收入情况；（2）报税遵从，光及时申报应税收入不够，还要据实申报，不得隐瞒和减少其应税收入；（3）缴纳遵从，即纳税人要如实、准确和足额缴纳税款。而我国关于纳税遵从的概念是在《2002～2006 年中国税收征收管理战略规划纲要》中正式提出的，指的是纳税人依照税法的规定履行纳税义务，包含及时申报、准确申报、按时缴纳三个基本要求。而与纳税遵从对应的便是纳税不遵从，凡是纳税人存在不申报、不及时申报、不正确申报、不如实申报以及不及时主动申报等行为均属于纳税不遵从行为。

纳税人申报的税额占应纳税额的比重或者说实际缴纳的税款占应纳税款的比重通常也被称为纳税遵从度（或率）（tax compliance rate），在其他条件既定的情况下，纳税人申报税额占应纳税额的比重越高，纳税遵从度就越高，反之纳税遵从度则越低，当两者相等时，我们称为纳税人具有完全的纳税遵从度。因此，本书研究的税收遵从可能更多地接近纳税遵从度这一内涵，即我们想要考察的是企业纳税遵从度的大小，而怎么从纳税遵从度的定义本身去刻画企业的纳税遵从度则是本书实证分析中所要核心解决的问题。

1.2.2 制度与制度环境

什么是制度（institution）？对制度的界定是贯穿制度经济学的核心工作。凡伯伦在其1889年所著的《有闲阶级论》一书指出，"制度，实质上就是个人或社会对有关的某些关系或某些作用的一般思想和习惯；而生活方式所构成的是，在某一时期或社会发展的某一阶段通行的制度的综合，从心理学的方面来说，可以概括地把它说成是一种流行的精神态度或流行的生活理论。"在凡伯伦看来，制度更接近"习惯"的内涵。康芒斯在其1934年所著的《制度经济学》一书中将制度解释为"集体行动控制个人行为"，康芒斯认为，"制度是不同类型交易合在一起成为经济研究上的一个较大的单位，也叫'运行的机构'，这种运行中的机构，有业务规则使它们运转不停；这种组织，从家庭、公司、工会、同业协会直到国家本身，我们称之为'制度'。"在康芒斯看来，制度更接近"组织"的内涵。诺斯在其1990年所著的《制度、制度变迁与经济绩效》一书中指出，"制度是一个社会的博弈规则，或者更规范地说，它们是一些人为设计的、型塑人们互动关系的约束。"而且，诺斯认为"制度"由三个基本部分构成：即正式的规则、非正式约束以及它们的实施特征。在诺斯看来，制度更接近"规则"的内涵。

而与制度相对应的另一个概念是制度环境。一般来说，制度环境是指一系列用来建立生产、交换与分配的经济环境、政治环境、法律环境和社会文化环境等，是一个国家或地区正式制度和非正式制度对经济产生影响的因素的总和。在国内，由樊纲、王小鲁和朱恒鹏（2011）编制的《中国市场化指数——各地区市场化相对进程2011年报告》（以下简称《市场化指数》）从"政府与市场的关系""非国有经济发展""产品市场发育程度""要素市场发育程度""市场中介组织的发育和法律制度环境"五个方面对我国的市场化进程进行了测度，全面反映了我国不同地区之间的制度环境差异以及动态变化，成为国内学者研究中国制度环境的重要使用指标，在很大程度上直接推动了关于制度环境研究的发展。所以我们也可以看出制度环境包括一个国家或地区的经济制度、政治制度、法律制度还有社会文化制度等多个维度，是一个很广泛的概念。而且，各个国家的制度环境不一，即使是同一个国家，不同的地区也可能因为产权保护、腐败治理以及法律实施等方面的不同而呈现出不同的制度差异。对于正在处于转型经济中的中国而言，产权保护水平不高、官员腐败现象严重、法治化水平较低，各个方面的制度建设都亟待加强，再加上我国区域经济发展的非均衡性，各地区的制度环境差异显著，这些都是我们理解企业纳税行为的重要线索。对此，本书从中国特殊的制度环境视角研究企业的纳税行为。而我们这里的制度环境主要是指影响企业税收遵从行为的经济制度、政治制度和法律制度这三个要素共同构筑的制度环境。

1.3 文献综述

1.3.1 关于税收遵从的研究

（1）国外税收遵从研究现状。

Allingham和Sandmo在《所得税逃税：一种理论分析》（1972）

基于制度环境视角的企业税收遵从行为研究

一文中对个人所得税逃税行为建立的经典模型（简称 A-S 模型）展开研究，随后很多学者从不同的维度对税收遵从问题进行研究，该问题也逐渐成为国内外学者研究的重要领域。在这之前关于税收遵从问题的研究比较零散，还没有形成正式的系统性理论。Allingham 和 Sandmo 是受 Becker（1968）的犯罪经济学理论和 Arrow（1970）的风险和不确定性经济学理论的启发，利用预期效用最大化模型来分析纳税遵从问题。该模型在假设纳税人是完全理性、风险厌恶以及追求预期效用最大化等一系列的严格假定下得出如下结论：惩罚力度和稽查概率对税收遵从的影响是确定的，即惩罚力度越大，纳税人的申报收入也就越高，对纳税人偷逃税的震慑作用就越大，同样，税务机关的稽查概率越高，纳税人的申报收入也越高。实际收入变化和税率高低对税收遵从的影响则是不确定的，只有当惩罚比例大于 1 时，实际收入对纳税人申报收入的影响为正，而当惩罚比例小于 1 时，实际收入对于申报收入的影响便不确定，取决于纳税人的相对风险态度；税率高低对税收遵从的影响也是不确定的，税率提高会产生收入和替代两种效应，收入效应对提高税收遵从的作用是积极的，而替代效应则是消极的，究竟税率的提高到底是有利于税收遵从的提高还是不利的取决于这两种效应综合作用的结果。

而税率高低与税收遵从的关系也成为之后研究者关注的焦点问题。就在 A-S 模型被公开发表的两年后，关于税率和纳税遵从关系的不确定问题，Yitzhaki（1974）率先提出了质疑，他对 A-S 模型进行了修正，认为在很多国家，罚款是施加到少交的税额而不是低报的收入上，并据此建立了 A-S-Y 模型，结果发现，随着税率的提高，逃税的风险——回报率是不变的，在纳税人绝对风险厌恶递减的情况下，纳税人会倾向减少其逃税行为，在这种情况下，税率的提高仅仅只有收入效应，替代效应消失，即随着税率的提高，纳税人的申报收入就越高，税收遵从度也越高。显然，Yitzhaki 的结论是与现实生活中普遍存在的税率的提高会加重逃避税的现象是相悖的，一些实证研究也的确证明了税率的提高会降低纳税人的遵从率，如 Clotfelter（1983）利用美国联邦税务局的纳税遵从测算项目（TCMP）数据实证发现边际税率与纳税遵从之间存在负向关系。我国近期关于税收遵从的研究也提供了类似的实证支持，如毛程连、吉黎（2014）研究认为，实际税率的提高刺激了外资企业的逃避税行为；吕炜、陈海宇（2015）研究发现企业面临的实际税率越高，其税收遵从度也越低。

尽管预期效用模型可以从理论上解释理性纳税人的一般决策，但却难以解释现实中纳税遵从度要远高于理论推导结果、预扣税款以及框架效应等税收遵从之谜。试想，在现实生活中，纳税人是不是都是以一种完全理性的态度来进行纳税遵从决策的。由于信息不对称、心理和社会因素、时间和成本上的约束和限制，纳税人的税收遵从决策是不可能做到完全理性的，预期效用理论因此也饱受争议。1979年，Kahneman 和 Tversky 将心理学引入经济学分析中，认为人们在面临不确定性进行决策时不可能做到完全理性，实际上是一种有限理性而非完全理性，创立了前景理论。前景理论主要有五个基本观点：参照依赖、递减的敏感度、损失厌恶、非线性权重概率以及框架效应。前景理论因其行为经济学的独特视角而被广泛应用于税收领域研究，也很好地解决了预期效用理论遗留下来的税收遵从异象问题，如 Elffers 和 Hessing（1997）的研究认为，在税制设计中有意提高预扣税款可以提高纳税遵从度；Yaniv（1999）建立了一个简单的关于前景理论的逃税模型，认为预扣税款可以对纳税人的税收遵从行为起到激励作用。

不过，对早期这些文献仔细研读不难发现，大多数文献关注的都是个人的纳税决策，很少涉及企业的遵从行为。可能的原因在于：一方面可能是企业纳税遵从微观数据的可得性问题，因为企业的逃避税行为毕竟具有隐秘性，企业会想方设法隐匿这一行为或者尽可能让这一行为看上去合理化，我们很难从企业财务数据上准确得到这些数据；另一方面也在于企业纳税遵从策略的复杂性和多变性，与个人纳税行为不同，个人税收遵从只涉及个人和征税机关二元博弈主体，但企业就不同了，现代企业大多实行职业经理制，从委托—代理角度看，企业的税收遵从决策是企业股东、职业经理人和征税机关等多利益主体相互博弈的结果，要比二元博弈主体复杂得多。Chen 和 Chu（2005）建立了一个包含风险中立的企业主和风险厌恶的经理人的委托—代理模型，认为逃税会造成经理人努力的扭曲，并降低合约的效率。Crocker 和 Slemrod（2005）探讨了企业股东和 CFO（主要指管理企业税务工作的经理）存在契约关系情况下的企业逃税问题，结论表明，对税务经理进行惩罚而不是企业的股东更有利于减轻逃税。Desai 和 Dharmapala（2006）、Desai 等（2007）则分别考察了企业避税与经理人的激励补偿以及企业避税与企业治理之间的关系。随后，有关企业税收遵从的研究方兴未艾。

（2）国内税收遵从研究现状。

与国外税收遵从研究相比，国内的研究起步晚，尚不深入，整体还处于探索和尝试性阶段，主要集中在以下几个方面：

一是对税收遵从概念的界定与分类，例如，马国强（2000）对税收遵从与税收不遵从给出了较为细致的分析，认为税收遵从主要分为防卫性遵从、制度性遵从和忠诚性遵从三种类型，其中我国目前的税收遵从主要是防卫性遵从，其次是制度性遵从，最后是忠诚性遵从；与此相对应，税收不遵从主要分为自私性不遵从、无知性不遵从和情感性不遵从三种类型，其中我国目前税收不遵从主要是自私性不遵从，其次是无知性不遵从，最后是情感性不遵从。除此之外，他还详细探讨了影响税收遵从和税收不遵从的因素，主要从税收观念、税法知识、税收制度、纳税程序以及逃税成本等几个方面进行了具体分析。孙玉霞（2008）则将税收遵从类型进一步划分为自我服务性遵从、习惯性遵从等 7 类；将税收不遵从分为程序不遵从、无知性不遵从等 8 类。

二是对国外税收遵从理论模型的借鉴与扩展。例如，马栓友

(2001)对税收流失进行了博弈分析,认为纳税人与税务机关之间的非合作博弈存在混合战略纳什均衡,即分别以一定的概率随机选择逃税和稽查。陈平路(2007)认为基于期望效用理论的偷逃税模型并不能很好地解释现实情况,因此采用行为经济学中的前景理论对个人偷逃税行为进行分析,研究结果表明,相较于经典的 A-S 模型,基于前景理论的偷逃税模型能够更好地解释税率高低对个人偷逃税行为的影响,最后他认为偷逃税的责任在于征纳的双方,且税收遵从成本的高低是影响个人偷逃税决策的重要因素,公共部门在税法制定阶段以及具体征管过程中应尽可能降低税收遵从成本。谷成(2009)则在 A-S 模型基础上,分别采用委托—代理模型和博弈论模型对征纳双方的相互作用进行了分析,前者的研究结果表明,在受稽查范围内,高收入纳税人的申报收入比较接近稽查分隔点的临界值;但与委托—代理模型的研究结论不同,在博弈模型的序贯博弈状态下,很多受到稽查的纳税人并没有如实申报收入。

三是对税收流失规模的测算。例如,贾绍华(2002)采用现金比率法和税收收入能力测算法并结合国家公布的统计数据对我国 20 世纪 90 年代的税收收入流失情况进行了测算,从测算结果来看,我国税收流失的绝对规模在 4000 亿元左右,而且,个人所得税和集体企业方面的税收流失较为严重。杨碧云等(2003)利用现金比率法对我国 1985~2002 年的地下经济和地上经济的逃税额进行了合并,计算出我国逃税额的总体规模,全社会的逃税额平均也在 4000 亿元以上。而伍云峰(2008)则是利用稍作改进后的现金比率法对我国的税收流失规模进行了测算,测算结果显示,1997~2006 年,我国每年的税收流失规模约占到当年 GDP 的 10%,占到了当年实际入库税收收入总额的 70%~80%,足见税收风险之大,最后,伍云峰认为成功的税制改革和加强税收征管都可以降低税收风险程度。

随着国内税收遵从研究的兴起,企业纳税遵从问题也逐渐引起学者们的关注。如安体富、王海勇(2009)利用上海市企业的调查问卷数据测度了企业的主观税收遵从度，研究发现，整体来看，上海市的企业税收遵从度是比较高的；从企业规模看，企业的税收遵从度与其规模是成反比的，越是大企业税收遵从度越低，反而是中小企业税收遵从度比较高；从企业性质看，国有企业税收遵从度最低，私营企业则是最高的，股份制企业与外资企业的税收遵从度基本一样；从行业看，各个行业间的企业税收遵从度并无明显差别。类似地，陈金保、陆坤（2010）也是利用调查问卷数据对北京市企业的税收遵从度进行了测算，结果发现，北京市的企业税收遵从度与上海市的企业税收遵从度情况类似，整体上都普遍比较高；从企业规模看，规模大的企业要比小规模的企业税收遵从度高，这一点与上海市的情况正好是相反的；从企业性质看，私营企业和个体企业的税收遵从度是最低的，这也与上海市的情况是相反的；而随着企业的成长和发展，税收遵从意识也是不断提高的；税制复杂程度和遵从成本高低并不是影响企业税收遵从的最主要原因，社会影响、服务水平以及税收征管措施对企业税收遵从的影响会越来越重要；我国企业的税收遵从更倾向于防卫性遵从和制度性遵从。

虽然北京、上海都是我国的一线大城市，但企业税收遵从却在规模和性质上呈现出不同的分布特征。当然，北京和上海只是我国其中的两个城市，并不能代表全部城市，而且上述两篇文献采用的也都是主观的调查数据，并不是客观的统计数据，这都对于我们全面理解我国企业的税收遵从水平有很大的局限性。近年来，随着中国工业企业数据库在学术研究上的广泛应用，基于微观数据对税收遵从的研究也逐渐增多。

Cai 和 Liu（2009）考察了市场竞争压力对企业所得税逃税的影响，发现市场竞争压力越大的企业避税情况越严重，而且，在其他条件不变的情况下，处于相对不利地位的企业避税的动力会更强，该文也是利用国民收入核算账户与会计核算账户差异测度企业逃避税程度的开创性研究。

马光荣、李力行（2012）分析了县级政府规模和地方治理对企业逃税的影响，县级政府将自身规模扩大后的财政压力施加到企业身上从而加重了企业的实际税负，导致了更多的企业逃税，政府规模增加1个百分点，企业会少报告0.8%的利润，也就是说企业会少缴纳0.8%的所得税，研究结果表明，政府规模过大和地方治理水平较低是导致企业逃税等非正规经济活动普遍存在的重要原因。

范子英、田彬彬（2013）考察了国税局和地税局税收执法的差异对企业避税的影响，在实证上发现地税局对企业所得税的执法不力导致了大范围的企业避税，且这种效应只存在像私营企业这些流动性比较强的企业中，该文也为我国地方政府间的税收竞争行为提供了有利证据，所以他们认为对于流动性的税种应该交给中央一级政府负责征收。

毛程连、吉黎（2014）研究了税率对外资企业逃避税的影响，研究发现，2008年两税合并政策使外资企业面临的实际税率提高，而且外资企业盈利越多逃避税也越多，规模越大，逃避税越少，外商独资企业逃避税现象最严重，西部地区的外资企业在所有地区中逃避税最多。

吉黎等（2015）从转移支付的视角研究了企业避税，研究发现，地方政府获得的转移支付越多，企业避税也就越多，转移支付占比每增加1个百分点，企业会少缴纳0.15%的企业所得税，进一步的研究还发现，专项和一般性转移支付对企业避税的影响为正，但税收返还对企业避税的影响则是负的，最后，吉黎等还研究了不同地区政府获得转移支付对辖区内企业避税的影响效果，中部地区的刺激程度最强，东部地区是最弱的。

吕炜、陈海宇（2015）将非税负担纳入税收遵从的研究视野，考察了实际税率、非税负担与企业纳税遵从之间的关系，研究发现，企业的实际税率越高纳税遵从度越低；非税负担越轻纳税遵从度越高；减轻企业非税负担会弱化实际税率提高带来的负面效应，结果表明，税费负担过重是导致企业纳税不遵从现象普遍存在的重要原因，但调整非税收入的政策效果要更强,不仅可以直接提高企业纳税遵从度,还能对税率变化与纳税遵从两者的关系起到一定的调节作用。

田彬彬、陶东杰(2019)基于 1998~2007 年中国工业企业的微观数据,结合地市级层面的最低工资标准数据,考察了最低工资标准的变化对企业税收遵从的影响。研究发现,在成本效应和替代效应的综合作用下,随着最低工资标准的提高,企业税收遵从度呈现出先降低后提高的"U"形变化趋势。

1.3.2 关于制度环境与企业行为的研究

(1)国外关于制度环境与企业行为的研究现状。

谈到制度环境对于企业行为的影响,首先要提及的就是以 La Porta、Lopez – de – Silanes、Shleifer 和 Vishny,即 LLSV 组合为代表的"法与金融"学术思潮的兴起。长期以来,法律制度环境对经济增长的影响一直被经济学家所忽略,而 La Porta 等(1997、1998、2000、2002)是最早发现法律制度环境存在显著的国家差异,正是因为各个国家的法律渊源或者说法律体系的不同,决定了各国对投资者产权保护程度上的不同,最终导致了各国之间金融发展水平的差异,且这种差异也会对企业的成长或发展产生重要的影响,而且好的法律制度环境可以提高公司的股利支付水平,同时还可以提升公司价值。

随之从制度环境视角解释企业行为的研究也越来越多,例如,Demirgul – Kunt 和 Maksimovic(1998)研究了法律和金融体系对企业利用外部融资获得内部成长的影响,研究发现,法律体系的执行效率越高,企业利用的长期外部融资的比例也就越高,而且一个活跃(未必就是规模大)以及规模较大的银行部门有利于企业获得外部融资。Jeffrey(2000)考察了金融法律环境对资本配置的影响,研究发现,良好的金融法律制度环境提高了资本配置效率,他利用了 65 个国家的跨国数据,发现越是发达的金融体系越会将更多的投资投入那些处于上升期的行业，而且资本配置效率与经济体的公有制程度负相关，但与国内股票收益率的市场信息多少以及对中小投资者权利保护程度正相关，对中小投资者权益的保护可以限制一些无效率的过度投资。Kumar 等（2001）研究了影响企业规模的因素，主要考察的是行业特征和国家制度环境的影响，研究认为，从行业特征看，在资本密集型行业、具有更高工资水平的行业以及 R&D 研究投入比较高的行业，企业规模也更大；从国家制度环境上看，更好的制度环境，尤其是法律效率比较高的国家，企业规模也更大。随着法律效率的提高，物质资本密集型行业和那些资本密集比较低的行业企业规模差异也在缩小，同样，随着专利保护水平的提高，研发密集型行业的企业规模也会更大。Beck 等（2002）研究了不同的金融、法律和腐败环境对企业成长的影响，研究发现，这些制度因素对一个企业成长的约束程度取决于企业规模的大小，企业规模越小，受到的制度约束也就越强。由于不发达的金融和法律体系以及较高的腐败水平会对企业的成长形成负面影响，因此，改善金融和法律环境以及减少官员腐败有利于企业成长，尤其是对于中小企业来说。随后，Beck 和 Demirguc - Kunt 在 2003 年又专门针对扶持中小企业发展的政策措施进行了研究，研究认为，良好的制度环境要比对中小企业进行补贴等对于企业的发展更加有效，如在产权的保护上、契约执行的成本上、商业注册的繁简与限制上以及破产清算的成本与效率等多为企业构造一个适合企业发展的商业环境。

（2）国内关于制度环境与企业行为的研究现状。

近年来国内的相关研究也逐步增多，而且对企业行为的研究也更加多元化，如对企业投资效率的影响研究。万良勇（2013）研究了法治环境与企业投资效率的影响，研究发现法治有益于提高上市公司的投资效率，法治环境越好的地区当地上市公司投资不足和过度投资的程度都会越低，而且法治还能够显著提高投资的边际价值，进一步的研究还发现，在市场程度发育较低的早期阶段，法治的正面作用有所抑制。李延喜等（2015）也考察了外部治理环境、产权性质对上市公司投资效率的影响，研究发现，降低政府干预程度，改善金融和法治环境有益于提高上市公司效率，而且，当企业性质为非国有企业时，金融和法治水平与投资效率正相关，在我国经济转轨初期，当企业性质为国有企业时，政府干预，金融和法治水平与投资效率负相关。对企业融资的影响，如余明桂、潘红波（2008）的研究发现，企业有政治关系比无政治关系能获得更多的银行贷款以及更长的贷款期限，而且越是在金融发展落后、法治化水平低下以及政府侵害产权严重的地区，政治关系的贷款效用越明显，表明在我国当前制度环境水平还不高的情况下，政治关系反而可以作为一种替代性机制，帮助民营企业获得贷款，促进企业发展。制度环境还会对企业的生产率产生影响，如马光荣（2014）考察了制度对企业微观生产率和企业间资源配置效率的影响，研究发现，制度可以通过激励机制的改善提高企业的微观生产率，同时也可以使投入要素更多地由低生产率企业向高生产率企业流动，减少资源误置现象。

如果说前述制度环境对企业投资、融资以及生产率的影响是现有文献研究比较多的，那么还有一些其他的企业行为如企业社会责任、企业劳动收入份额、企业实际税率等这些方面的研究也开始受到学者们的关注，使制度环境对企业行为的研究更加丰富和多样。对企业社会责任的影响方面，周中胜（2012）进行了相关的研究，研究发现，越是在那些政府对经济的干预较少、法治化水平较高以及要素市场较发达的地区，企业的社会责任履行状况也越好。对企业劳动收入份额的影响方面，魏下海等（2013）进行了相关研究，他们认为，企业有政治关系比无政治关系劳动收入份额要低，政治关系程度与劳动收入份额成反比，而且越是在那些要素市场不发达、法治化水平较低以及政府掠夺较严重等制度环境较差的地区，企业政治关系对劳动收入份额的负向效应就越强烈。在对企业实际税率的影响方面，刘慧龙、吴联生（2014）进行了相关的研究，他们研究发现，制度环境与企业实际税率成正比,即一个地区的市场化程度越高、政府治理水平越好以及法治化水平越高,当地公司的实际税率也越高,并且这一正向效应只在非国有企业中出现,他们进一步研究还发现,上述这一关系仅在地方政府财政创收压力较低的情形下出现。

无论是国外研究还是我们国内的研究似乎都得出了一致的结论:即制度环境越好越利于企业的成长和发展。但也有研究得出了相反的结论,如余明桂、潘红波(2008)的研究就发现,地区的法治化水平和金融发展水平越高,国有企业获得的银行贷款反而越少,这与"法与金融"相关文献的理论预期和实证结果都是不相符的。为什么会出现了这样不符合预期的结果,可能的原因在于地方政府通过干预银行的信贷决策给国有企业提供贷款支持,而法治和金融的发展恰好弱化了这一影响机制,减少了政府干预带来的贷款支持效应。

1.3.3 文献评述

从前述关于国内外研究税收遵从的文献梳理来看,较于国外相对成熟的研究,国内研究尚处于起步阶段,多数研究还只是停留在对国外税收遵从研究经验的总结上,尽管近年来也涌现出了不少研究税收遵从的文献,但总体上看,一是在研究数量上还远远不足;二是在研究的广度和深度上也不够,缺乏较为深入的理论模型和实证分析,无论是研究的"量"和"质"都与国外研究存在一定的差距。当然,近期研究现状已改观许多,越来越多的国内学者开始关注我国的税收遵从问题,进行了不少有益的探索,例如,在税收遵从的测量指标上,还有结合微观大数据进行实证检验等,都是很好的尝试,不过,还是有很大的进步空间:第一,税收遵从的研究仍大多局限于理论分析,实证方面的研究还有待加强;第二,无论是国外研究还是国内研究,税收遵从的研究对象多是"个人",关于企业纳税遵从问题的研究无论是广度和深度上也都有待提高。

而从制度环境与企业行为相关研究现状来看，我们在前面之所以梳理的是制度环境与企业行为而不是与税收遵从，主要的原因就在于制度环境对于税收遵从的研究还相当有限，所以从制度环境视角研究税收遵从亟待进一步的补充和加强。纵然是研究制度环境对企业行为的研究也多集中于对企业投资效率、生产效率以及企业融资等方面，涉及企业纳税行为的文献并不多，即使是我们已经综述过的刘慧龙、吴联生（2008）研究过对企业实际税率的影响，涉及了企业的纳税行为，但该文使用的是上市公司的数据。其实，通过上述的文献梳理我们也不难发现，大多数制度环境对企业行为的分析也多是以上市公司为例，然而上市公司毕竟在数量上是有限的，而且上市公司相较于非上市公司在财务等方面可能会受到较多的监管，从而在纳税行为上会受到一定的约束和规范，这就使研究非上市公司或者说将两者结合起来更全面地考察企业的纳税行为显得更有必要和有意义。

因此，将研究税收遵从以及制度环境与企业行为的文献综合起来，立足于现有文献并结合现有文献的不足，我们将研究内容锁定在制度环境与企业税收遵从行为的关系上，一方面我们是从"制度"视角对"企业"的税收遵从行为进行"实证"上的研究；另一方面我们采用的是中国工业企业微观数据，含有大量的非上市公司样本，更加全面考察了企业的税收遵从行为，以期为制度环境与税收遵从的相关研究提供一些有益的补充。

1.4 研究内容和方法

1.4.1 研究内容

税收流失问题伴随着税收产生一直是世界各国政府面临的重大问题，如何提高纳税人的税收遵从程度更是一道困扰着他们的难题。对

第 1 章 导 论

此国内外学者纷纷从多种视角寻求制约纳税人税收遵从度提高的影响因素，而企业作为经济中的重要微观个体，也是政府的重要纳税对象，其缴纳的税收在整个税收收入中占有重要份额，然而因为企业税收遵从的特殊性和复杂性，遗憾的是，相比个人税收遵从，企业税收遵从的研究还相当有限。而且，企业的行为是内生于制度环境的，企业的很多行为都是当地制度环境作用下的产物，是随着制度环境的变化而不断调整的。企业纳税行为亦是如此，当企业所在的是一个产权保护水平较差、政府的腐败程度比较高、法治化水平也比较低的制度环境中时，企业的税收遵从度也就比较低，反之，企业税收遵从度就会比较高。因此，我们认为制度环境从根本上影响着企业的纳税行为。图1-1便是本书的研究技术路线图。

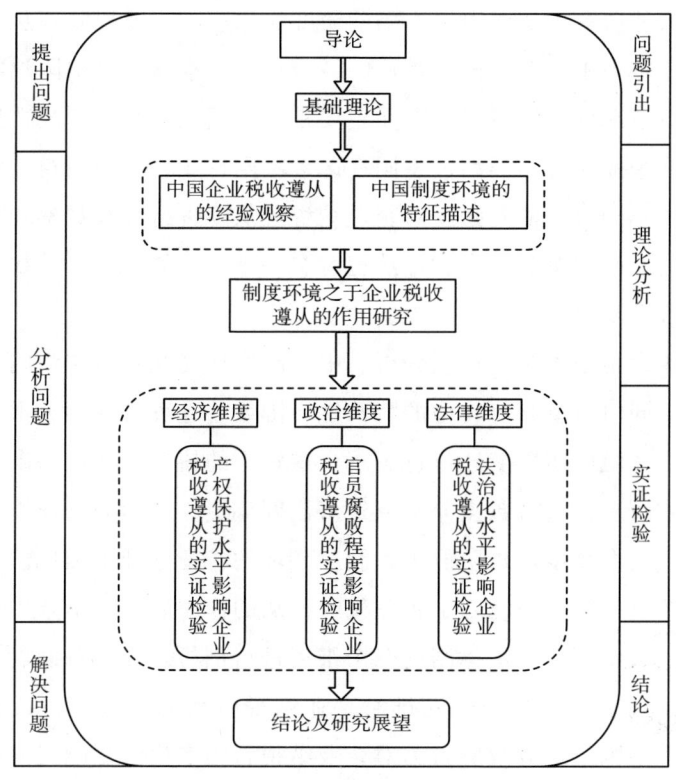

图1-1 研究技术路线

因此，本书在明确税收遵从和制度环境内涵界定的基础上，运用理论和实证结合的分析方法试图厘清制度环境和企业纳税遵从之间的关系，以期从制度层面寻求我国纳税遵从度提高难题的突破点，从而为我国纳税人税收遵从度整体的提高提供有益的政策建议。围绕着这一逻辑线索，本书主要分为9章展开论述。

第1章为导论。本章主要是对本书研究主题"制度环境与企业税收遵从"的总体性阐述，围绕着研究的背景和意义、核心概念的准确界定以及国内外研究现状等几个方面展开。

第2章为税收遵从的基础理论。本章是本书研究的理论基础，在对税收遵从经典模型有一个基本了解的基础上，重点介绍了税收遵从研究的难点和重点——测度方法，最后从个人税收遵从研究过渡到企业税收遵从研究，从而引出本书的研究对象——企业税收遵从。

第3章为中国企业税收遵从的经验观察。本章先对中国税收遵从问题进行了总体性的概述，继而主要基于中国工业企业微观数据，分别从不同企业所有制类型、不同地区、不同行业、不同规模、不同生命周期、不同税收征管强度对企业纳税遵从度进行经验观察和分析比较，最终对中国企业的税收遵从程度有一个基本的判断，并找出中国企业税收遵从提高的制约因素。

第4章是中国制度环境分析。中国制度环境既具有转型国家的共性特征又同时具备自身转型的特殊性，围绕着这种特殊性，本章先对中国制度环境的历史变迁进行了一个逻辑上的梳理，在此基础上，运用中国省级层面宏观数据分别从经济制度环境、政治制度环境、法律制度环境三个维度就现阶段中国制度环境的特征展开了描述。

第5章是制度环境之于企业税收遵从的作用研究。本章主要从经济制度、政治制度、法律制度三个维度进行剖析。在经济制度上，重点分析了税制设计和产权安排对企业纳税行为的影响；在政治制度上，主要是围绕地方政府行为对企业纳税行为产生的影响展开的，其中包括财政分权、政治集权、政企关联等多个影响因子；在法律制度上,阐释了从"人治"到"法治"、从"税收法制"到"税收法治"等不同的政府治理环境下企业纳税行为的反应。

第6章是分维度之经济制度影响企业税收遵从的实证检验。本章主要是从产权保护水平的角度分析,以报告利润与推算利润的趋近程度作为企业税收遵从的测度指标,利用中国工业企业微观数据和省级宏观数据对产权保护水平与企业税收遵从关系进行了实证检验,具体分析了税率、非税负担与企业税收遵从三者的关系,从而揭示了背后所蕴含的政策含义:"减税"还是"减费",为财政政策的制定提供了实践线索。

第7章是分维度之政治制度影响企业税收遵从的实证检验。本章主要是从地区官员腐败的角度展开研究,先是对两者关系建立了一个简单的理论模型,继而利用数据进行了实证检验,分总体性和异质性检验发现,腐败并不是在所有情况下都会对企业的纳税行为产生显著性影响,其作用的发挥是有条件的,而应该引起我们关注的恰是那些腐败影响显著下的税收征纳行为,同时也对我国反腐策略有着一定的启示:"一刀切"还是"差异化"。

第8章是分维度之法律制度影响企业税收遵从的实证检验。本章分别从总体性和异质性两个部分进行了实证检验,研究发现,无论是国税还是地税征管,法治化水平的提高都可以显著改善企业的纳税行为,但却存在企业异质性,只对私企和外商独资企业影响显著,国企并不显著;对于不同的市场化进程地区,虽然法治环境的改善均可以提高企业纳税遵从度,但在市场化进程较慢地区实际效果要更好。本章的研究发现也为我国的"税收法治"提供了经验上的证据。

第9章是全书的总结。本章的主要工作是对各个章节研究形成的观点进行梳理和归纳,得出的研究对于提高我国企业税收遵从度以及破解当前财政收入下滑的难题都具有一定的参考价值,同时,也指出了本书存在的不足以及今后可能的研究方向。

1.4.2 研究方法

在本书的具体写作中，综合运用了文献研究、经验观察、理论分析以及计量实证等多种研究方法，使我们的研究内容更加充实，同时研究结论更具信服力。

（1）经验观察法。

由于本书主要研究的对象是企业的税收遵从问题，如何对企业的纳税行为进行全面而又客观的考察就成为关键，而仅仅只有文字上叙述显然没有说服力，这时就需要用"数据"说话，摆事实。我们在书中以中国工业企业数据库微观数据为例，从不同的企业所有制类型、不同地区、不同行业、不同规模企业、不同生命周期企业、不同税收征管强度分样本比较分析，并综合利用统计分析法，以大数据的经验观察为基础给出中国企业税收遵从的基本判断。此外，本书还使用了大量的宏观数据对我国的制度环境特征进行了描述和总结。

（2）理论分析法。

理论分析是一项研究的基础，本书的研究也是建立在理论模型基础之上的。在第6章研究政治制度对企业税收遵从的影响中，我们就率先建立了理论模型，是在已有的经典模型基础上，对经典模型进行扩展，引入本书的关键变量，建立符合本书研究主题的理论模型，并通过对模型求解和讨论，得出本书的主要结论。此外，本书的研究主题也决定了我们不可能仅仅局限于财税领域的研究，还集中了公司金融、制度经济学等多个学科的研究精华。

（3）计量实证法。

如果说经验观察只涉及企业税收遵从的单向判断，那么计量实证则是对制度环境与企业税收遵从的双向关系判断。然而对于有关企业税收遵从的实证分析而言，重点和难点就在于税收遵从度的测量，本书在已有研究企业逃避税的实证衡量方法基础上，找出企业税收遵从

第 1 章 导　　论

度的衡量办法，并综合运用中国工业企业数据库微观数据和省级宏观数据进行计量检验。为了确认我们研究结论的可靠性，本书还进行了稳健性测试，并对其中可能存在的内生性问题进行了讨论，从而使本书研究结论更具有可靠性和信服力。

1.5　研究的主要创新点

本书可能的创新点主要集中在以下几点：

（1）拓宽了税收遵从的研究视野。理论上看，对税收遵从的研究多集中于税率、稽查率、惩罚率等视角，而从制度环境角度研究税收遵从的文献还比较有限，本书就尝试从制度环境切入，但本书并不是对制度环境进行整体性分析，而是具体将制度环境进行分维度拆解，而每一个维度，产权保护水平、地区官员腐败程度、法治化水平都是对企业纳税行为研究的新鲜尝试，不仅是研究视角的创新和拓展，细分化的研究也更深刻地揭示了企业税收遵从的行为规律，丰富了对税收遵从特征的认识。

（2）利用微观数据进行大量的经验事实观察是本书研究的一大特色。从研究对象上来看，已有关于税收遵从的文献多集中于对"个人"的研究上，而以"企业"作为研究对象的文献还十分有限。本书首先将研究的对象定位在"企业"的税收遵从上，然后利用中国工业企业数据库微观数据对企业的税收遵从度进行了客观的描述和判断，而中国工业企业数据库又是目前可获取的样本量非常大的企业级数据库，具有广泛的代表性，且在具体分析中本书还涉及企业类型、行业、地区等多个层面，关系到政策变化、税收优惠等众多研究背景，最终呈现出一个关于中国企业税收遵从程度的全面性的分析报告。而基于这些事实数据和背景知识得出的研究发现也大大提高了结论的真实可靠性。

（3）从制度环境的分维度视角对企业税收遵从进行实证检验是本书研究的另一大特色，这本身也体现出了微观分析和宏观分析相结合的特征。囿于数据所限以及税收遵从度的测量难度，国内外关于税收遵从的研究多数还只是停在理论模型、调查问卷、实验经济学等研究方法上，相关的实证研究始终进展缓慢。本书就力图克服这两个方面为实证分析带来的研究难度，利用会计准则与国民收入核算差异法度量企业的纳税遵从度，同时运用中国工业企业数据库微观数据和省级宏观数据使制度环境与企业税收遵从的实证研究成为可能，而基于计量实证的检验结果也使本书的研究结论更具说服力。

基于制度环境视角的
企业税收遵从
行为研究

Chapter 2

第2章 税收遵从的基础理论

第 2 章 税收遵从的基础理论

2.1 税收遵从的经典模型介绍

2.1.1 预期效用理论

Allingham 和 Sandmo（1972）在《所得税逃税：一种理论分析》一文中受 Becker（1968）的犯罪经济学理论、Arrow（1970）的风险和不确定性经济学理论的启发对个人所得税逃税行为进行了开创性的研究，利用预期效用理论来分析纳税遵从问题，建立了经典的 A-S 模型。在 A-S 模型中，他们认为纳税人的纳税决策是不确定的，纳税人可能会有两种纳税行为策略：一种是如实上报收入；另一种则是少申报收入，而后一种策略的选择要取决于能否被税务机关发现，如果没有被发现，较于第一种行为策略，纳税人会受益，一旦发现就会遭受损失。

A-S 模型假定：纳税人为"理性经济人"，以预期效用最大化为目标函数，且是收入的单一函数；纳税人是风险厌恶型，边际效用为正且严格递减；纳税人行为符合冯诺曼—摩根斯坦（Von Neumann-Morgenstern）效用函数下关于不确定性情况下的行为准则；纳税人的实际收入为 W，是外生给定的，而且是税务机关所不知道的；纳税人的申报收入为 X，为纳税人的决策变量，纳税人决定是否如实申报收入以及申报多少，$0 < X < W$；税务机关向纳税人申报收入征收的比例税率为 t，$0 < t < 1$；如果纳税人逃税，则会以 p 的概率被税务机关查获，一旦被查获，税务机关将会对纳税人的未申报部分施加惩罚，惩罚比率为 π，且惩罚比率大于征税税率，$π > t$。

纳税人选择申报收入 X 的大小以最大化自己的期望效用 $E(U)$，即：

$$E(U) = (1-p)U(W-tX) + pU[W-tX-\pi(W-X)] \quad (2-1)$$

这样我们就可以通过对式（2-1）的求解得到纳税人申报收入 X 的最优解 X^*，然后通过对实际收入 W、比例税率 t、稽查概率 p、惩罚比率 π 的比较静态分析求得这些参数发生变化时最优申报收入 X^* 的变化。

（1）实际收入变化对纳税人申报收入大小的影响。

A-S 模型通过对纳税人的实际收入比较静态分析发现，实际收入变化对纳税人申报收入的影响取决于惩罚比率的大小：当惩罚比率大于 1 时，实际收入对纳税人的申报收入影响为正，即随着纳税人实际收入的提高，纳税人申报的收入也会更高；当惩罚比率小于 1 时，实际收入对纳税人的申报收入变化则是不确定的，这要取决于纳税人的相对风险厌恶是递增、不变还是递减的。

（2）比例税率变化对纳税人申报收入大小的影响。

从直观上看，税率越高，纳税人的税收负担越重，其逃税动机也就越强，所以税率应该对纳税人申报收入的影响为负，即税率越高，纳税人的申报收入越少。但是实际与理论并不能完全保持一致。在理论模型中，A-S 模型通过对比例税率的比较静态分析发现，由于纳税人的相对风险态度不定，比例税率变化对纳税人申报收入的符号也不能确定。进一步，Allingham 和 Sandmo 将这种不确定性分解为收入和替代两种效应：一方面，税率提高会导致纳税人的实际可支配收入减少，其税务筹划空间也相应缩小，但对风险的敏感程度却增加了，这对风险厌恶的纳税人来说，其纳税行为会变得更加谨慎，逃税活动会有所减少，因此，收入效应有助于抑制逃税的发生；另一方面，纳税人应税收入的"税收价格"会上升，逃税可增加其收益，由此，纳税人会倾向少申报收入，替代效应对抑制逃税的作用是消极的。到底税率上升是提高还是降低纳税人的税收遵从度要取决于这两种效应的相互作用结果。

（3）惩罚比率变化对纳税人申报收入大小的影响。

一般来说，惩罚比率越高对纳税人的偷逃税的震慑作用也会越大。A－S模型通过对惩罚比率的比较静态分析发现，惩罚比率变化对纳税人申报收入大小的影响是确定的，这一影响为正，即纳税人申报的收入会随着惩罚比率的提高而增加。这也充分说明加大对纳税人逃税的惩罚力度对于减轻逃税现象具有很强的威慑力。

（4）稽查概率变化对纳税人申报收入大小的影响。

纳税人逃税能不能成功在很大程度上取决于税务机关的稽查概率，税务机关的稽查力度越大，纳税人被发现的概率自然也会越大，同样也会对纳税人偷逃税起到很大的威慑作用。从这个角度看，税务机关的稽查力度越大，纳税人申报的收入也应该越高。A－S模型通过对稽查概率的比较静态分析也发现，稽查概率变化对纳税人申报收入大小的影响较为确定，这一影响也是正的，即稽查概率越高，纳税人申报收入也越高，与预想是一致的。

A－S模型为我们理解纳税人税收遵从的影响因素方面提供了一个基本的理论框架。惩罚比率和稽查概率对纳税人税收遵从影响比较确定，均为正向影响，即，惩罚比率和稽查概率越高，纳税人的税收遵从度就越高。因此，Allingham 和 Sandmo 认为模型也暗含着惩罚比率和稽查概率这两种政策工具是可以相互替代的，由于稽查概率下降导致的税收收入的损失可以通过惩罚比率的提高得到弥补。而具有不确定性同时又最富争议的便是税率变化对纳税人税收遵从的影响，如前所述，税率的影响在理论和现实直观上存在一种并不相符的预期，这也是之后众多学者研究所聚焦的一个关键点。关于这个问题，Yitzhaki（1974）率先提出了质疑，认为税率与纳税人的税收遵从度是正相关的关系。他对 A－S 模型稍进行了改进，假定惩罚比率是施加到纳税人少纳的税额而不是低报的收入上，即处罚额为 $\pi\theta(W-X)$ 而不是 $\pi(W-X)$，那么，随着税率的提高，低报税收的成本是与成功低报税收的收益成比例的，逃税的风险回报率是不变的，当纳税人绝对风险厌恶递减时，纳税人会倾向少逃税，在这种情况下，更高的税率仅仅只有收入效应，替代效应消失，税率的提高反而能够对逃税起到抑制作用。

但是，值得注意的是，虽然 Yitzhaki 通过对 A-S 模型进行了改进，确定了税率对纳税人税收遵从的影响方向，但这一确定关系与现实直觉并不相符。在现实生活中，我们很难去解释税率的提高反而有利于提高纳税人的税收遵从度，更不能将提高税率作为提高纳税人税收遵从度的政策工具。对此，随后一些实证研究也证明了税率的提高会降低纳税人的税收遵从度（Clotfelter，1983；毛程连、吉黎，2014；吕炜、陈海宇，2015）。

A-S 模型因其一般性和结构的良好性成为之后很多研究税收遵从问题的基础和起点，很多研究都是在 A-S 模型上进行延伸和补充从而更加符合现实情况，如加入委托—代理模型和博弈理论模型（谷成，2009）、纳入税务稽查支出（刘冰，2010）等，得出了一些有价值的研究结论。尽管预期效用模型可以从理论上解释理性纳税人的一般决策，但也饱受争议，因为其难以解释现实中纳税遵从度要远高于理论推导结果、预扣税款以及框架效应等税收遵从之谜，理性纳税人的假设受到了很大的质疑和挑战，纳税人是否都以一种完全理性的态度来进行税收遵从决策。这也是我们后面前景理论中将要探讨的。

2.1.2 前景理论

前景理论是由美国普林斯顿大学心理学教授 Kahneman 以及其合作者 Tversky 在 1979 年提出的。有别于传统的期望效用理论，前景理论将心理学理论融入经济学研究中，认为在真实世界中，由于受心理、社会等多重因素的影响，人们在面临不确定性进行决策时不可能做到完全理性，实际上是一种有限理性而非完全理性。事实上，行为经济学家通过一系列的实验研究也的确证明了，行为人在面临不确定性进行抉择时，更多的是依据经验和直觉，往往都是非完全理性的。

前景理论与其说是对传统理论的挑战与修改,不如说是对传统理论的补充和完善,使之对人们的经济行为分析更加符合现实状况。Kahneman 也因其突出贡献获得了 2002 年诺贝尔经济学奖。

前景理论以"确定性效应"(certainty effect)、"反射效应"(reflection effect)和"分离效应"(isolation effect)为理论基础。"确定性效应"是指行为人在进行决策时,与仅有可能性的结果相比,会倾向选择确定性的结果,具有风险厌恶倾向。"反射效应"是指行为人在面对盈利和损失时的风险偏好具有非对称性,即在面对盈利时,倾向风险厌恶;但在面对损失时,倾向风险追求。"分离效应"是指为了简化不同期望之间的选择,行为人往往会忽略各期望选择之间相同的部分,而突出比较不同的部分。因此,前景理论强调的是行为人对前景的选择,也就是对风险结果的一种估计,在这个过程中行为人更多遵循的是心理过程和经验判断,而非期望效应理论中对行为人所设立的一系列严格的行为假定。

前景理论将行为人的决策过程分为两个阶段:第一阶段是整理和编辑阶段,主要包括编码(coding)、合成(combination)、分解(segregation)以及冲消(cancellation)几个部分,除了以上几个部分之外,还应该包含对期望的简化和优势检测,这一时期主要是对相关信息的预处理;第二阶段是评估和决策阶段,对信息进行预处理后,决策人就要开始评估各种可能的选择,然后选择出具有最高价值的期望。那么期望的整体价值由 V 表示,由价值函数和决策权重两个部分共同决定,即:

$$V = \sum_{i=1}^{n} \pi(P_i) v(x_i) \qquad (2-2)$$

其中,$\pi(P_i)$ 代表每一种可能性 p 的决策权重,$v(x_i)$ 则是反映了决策者对每一种结果 x 的主观价值。价值函数 $v(x_i)$ 测度的是与某一参照值相比,决策者是盈利或是损失所带来的主观满足程度,因此,有别于期望效应理论,前景理论的本质特征就在于决策者所关心的是财富值相对于某一参考值所发生的变化,即财富的相对量变化,而不是最终的财富值,即财富的绝对值。价值函数主要包含以下特性:第一,价值函数是定义在与某一参照值的偏离程度,与这一参照值相比,行为人可能损失也可能盈利,为一种相对的变化;第二,价值函数在盈利区是凹的,在损失区是凸的,这也是我们前面提到的"反射效应",即行为人盈利时倾向风险规避,损失时倾向风险追求;第三,价值函数在损失区的曲线要比在盈利区的曲线要陡,这也反映了行为人对损失要比盈利更加敏感,也就是说,损失所带来的痛苦感要大于盈利所带的满足感。图2-1便是前景理论的价值函数图。

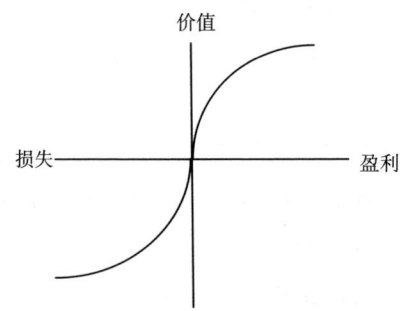

图 2 - 1 前景理论的价值函数

在前景理论中,期望的整体价值除了由价值函数决定之外,还取决于决策权重。什么是决策权重,简言之,决策权重是对可能性概率赋予一定的权重,但决策权重与概率不一样,不满足概率定理,也不应该以程度或者置信来度量。该函数有以下特性:第一,π是关于p递增的函数,且有 π(0) = 0,π(1) = 1,结果收敛于一个不可能事件是不予考虑的(非线性递增);第二,人们往往会高估小概率事件而低估高概率事件,即 π(p) > p,且对于 0 < p < 1,π(p) + π(1 - p) < 1,互补概率事件的决策权重之和是小于1的,这也被称为次确定性,所以小概率事件通常被赋予较高的权重,而大概率事件却被赋予较低的权重;第三,对于 0 < p, q, r < 1,有 $\frac{\pi(pq)}{\pi(p)} \leq \frac{\pi(pqr)}{\pi(pr)}$,这称为次比例性。

概括起来，前景理论主要向我们传达了以下观点：第一，行为人的效用是由与某一参照值的偏离程度相比，或盈利或损失来决定的，而不是预期效用中由最终的价值水平决定的，即相对于财富的绝对量，人们更看重财富的相对量；第二，遵循"反射效应"，行为人在面对盈利时倾向风险规避，而面对损失时倾向风险追求，具有非对称性；第三，行为人对损失比对盈利的敏感性要更强，也就是说，等量财富增加和等量财富减少给行为人带来的满足程度是不等量的；第四，行为人倾向高估小概率事件，低估高概率事件；第五，行为人后期对待风险的态度会受前期决策结果的影响，即如果前期盈利，行为人后期的风险偏好则会增强，相反，如果前期损失，后期的行为也会变得更加谨慎，风险规避倾向增加。

前景理论的参照点思想为研究税收遵从问题提供了一个很好的视角，期望效用理论在研究税收遵从中所遗留的理论上过高预测纳税不遵从度、预扣税款、框架效应等谜题也可以从前景理论中得以解释，前景理论开始被广泛应用于税收遵从领域。需要特别指出的是，由于参照点思想是前景理论中的一个核心思想，参照点如何选择将会直接影响前景理论在税收遵从领域的应用。但前景理论本身并没有给出行为人是如何选择参照点的。现有研究税收遵从的参考点有两种，是由 Chang 等（1987）提出的，即当前资产位置和期望资产位置，以当前资产为参照点，参考的产出是纳税人的预缴税额与实际应纳税额之差；以期望资产为参照点，参考的产出则是纳税人的预缴税款与期望的应纳税款之差。

2.2 税收遵从的测度

对于税收遵从领域的研究来说，研究的重点和难点就在于税收遵从度的测度，在理论上，税收遵从度一般都是利用纳税人报告收入与真实收入的比值来刻画的，两者越接近，税收遵从度就越高。但我们需要知道的是，在理论分析中，我们完全可以这样做，但在真实的经济世界中，我们并不知道纳税人的真实收入，因为这正是纳税人想要极力隐藏的，我们根本无法得知这一真实数值，那就无从去判断纳税人到底少缴纳了多少税，国家的税收损失又是多少，这也会为我们定量分析税收遵从问题带来了很大的难度，可以说税收遵从的测度方法精确与否直接关系到我们研究结论的准确性。接下来，我们将对税收遵从度的方法进行简要梳理，概括起来，主要有以下几种测度方法。

2.2.1 税务审查数据

对于税收遵从度的测算，最直观的莫过于税务机关的稽查数据，即税收机关对纳税人偷逃税的稽查审计状况。而税务审计数据又可以分为随机审计数据和常规审计数据。

美国国内收入局（IRS）所进行的税收遵从衡量项目（TCMP）就是典型的随机审计数据。自1964年始，该项目每四年一次随机抽取45000~55000户家庭进行稽查（刘华，2014）。该项目数据也成为很多国外学者研究税收遵从问题所采用的数据，如Clotfelter（1983）就是利用该项目数据进行了有关税收遵从的实证研究，研究发现税率与纳税人的税收遵从度之间存在负相关关系。该项目是对不同纳税人进行分层且随机抽取，具有一定的客观性，为税收遵从度的衡量提供了相对可靠的现实数据，但也存在一些不足，随机性本身就是有利有弊，利在于避免了一定程度上的主观性，弊在于会对纳税人形成较大的干扰，对纳税人形成潜在的负担。

税务机关对纳税人进行常规性的税务稽查则是常规审计数据。虽然是常规性的，但也并不是我们理解的全面的日常检查，因为这样的稽查成本太高，主要是根据纳税不遵从信息，税务稽查人员往往会总结归纳出纳税人税收不遵从的特征，然后根据这些特征有针对性地选取要稽查的对象。常规性的税务稽查虽然规避了上述随机审计数据所带来的对纳税人干扰，造成潜在负担等问题，但其存在的缺点也比较明显。第一，因为纳税人税收遵从的因素有很多，税务稽查人员不可能归纳出纳税不遵从的所有特征，以此特征去选取检查样本，势必会有不同程度上的误差；第二，由于税务机关只对那些可能会有纳税不遵从倾向的纳税人进行检查，代表性也会面临很大的质疑，因为纳税人的税收遵从度也有可能会随着时间和环境的变化而变化，一时的纳税不遵从也不代表永远不遵从。这样，如果只选取一部分作为样本，就很有可能导致税收遵从度测量的偏差，这同时也是因为税收遵从度测度的是所有纳税人的遵从度，而不是针对某一部分人，更不是那些可能存在税收不遵从行为的纳税人。因此，常规性税务稽查又存在准确度低、代表性差的问题。

2.2.2 财务数据

除了利用税务审计数据之外，财务数据也是衡量纳税人税收遵从度的重要指标，尤其是在企业税收遵从方面，财税数据更是有着得天独厚的优势。因此，以财务数据为基础，有关企业纳税行为或者说企业逃避税行为的实证研究越来越广泛，税收遵从领域也从理论分析向实证分析迈出了重要一步。从现有文献研究来看，利用财务数据衡量税收遵从的指标主要分为实际税率法（ETR）、会计—应税收入差异法以及会计准则和国民收入核算差异法。

（1）实际税率法（ETR）。实际税率方法是现有文献较常用的衡量税收遵从的方法，主要思想是利用企业实际缴纳的税额与税前利润的比值，测度的是企业实际税负的大小，实际税率越低代表该企业的逃避税行为越严重。目前很多文献都是利用实际税率及其变体来衡量企业的逃避税行为，较为常用的详见表2-1。

表 2 – 1　　　　　　企业实际税率的主要衡量方法

衡量方法	文献参考
所得税费用/息税前利润	Porcano, 1986
(所得税费用 – 递延所得税费用)/息税前利润	Porcano, 1986
所得税费用/(税前利润 – 递延所得税费用/法定税率)	Stickney and McGee, 1982
(所得税费用 – 递延所得税费用)/(税前利润 – 递延税款变化额/法定税率)	Shevlin, 1987

资料来源：根据文献资料整理而得。

但是，实际税率方法也存在争议，主要是因为存在税收返还、税收优惠等因素使实际税率并不能准确反映企业当前的实际税负，尤其是对于中国而言，与国外的税收政策不同，地方政府对辖区内的企业普遍存在不同程度的税收优惠，这就使各个企业的名义税率差别很大，由于一些税收优惠也是合乎税法规定的，我们无法辨别出实际税率中哪些是合理税收优惠带来的，而哪些又是企业逃避税带来的，如果不加以区分我们很有可能就会低估企业的税收遵从度，所以后续的一些研究也不断对这种方法进行修正使其更加符合现实情况。例如，Dyreng 等（2008）就提出了利用多期实际税率的加权值（平均值）来衡量企业避税问题，避免仅仅使用当前实际税率所带来的偏差（企业实际税收支出与营业收入在时间上的不匹配问题）；刘行、叶康涛（2013）在企业避税的衡量上就对实际税率进行了相应的调整，一种衡量方法为名义所得税率减去实际所得税率，另一种则是使用两者之差的五年平均值来衡量。

(2) 会计—应税收入差异法。这种方法也是常用的衡量税收遵从度的方法，尤其是用于上市公司逃避税的研究上。对于上市公司来说，公司的会计账面收入是面向股东的，因而更加真实，而应税收入是面向税收机关的，会计账面收入与应税收入两者的差异越大，说明公司的逃避税可能性也就越大。根据 Manzon 和 Plesko（2002）、Desai 和 Dharmapala（2006）的测度方法：$BT = Y^s - Y^t$，BT 即会计—

税收差异，Y^s 是公司的税前会计利润，并除以上年公司资产总额进行标准化处理，$Y^t = \dfrac{CFTE}{t}$，CFTE 是公司的所得税费用，也除以上年公司资产总额进行标准化处理，t 是指企业的实际所得税税率。进一步，可以通过一个普通的 OLS 回归模型来刻画公司的避税程度：$BT_{it} = \beta_1 TA_{it} + \mu_i + \varepsilon_{it}$，其中，TA 代表公司的总应计利润，除以上年公司资产总额进行标准化处理，u 表示企业的残差平均值，ε 代表公司 i 在 t 年与残差平均值 u 的偏离值。而公司的逃避税部分正是不能被总应计利润所解释的部分，即 $TS = u_i + \varepsilon_{it}$ 便为企业逃避税行为的代理变量。

（3）会计准则和国民收入核算差异法。虽然会计—应税收入差异法是衡量企业逃避税行为的一个很好的代理变量，但其使用也存在很大的局限，这种方法更多的是对于上市公司适用，因为上市公司的会计账面收入我们是可以得知的，但对于那些没有上市的公司，我们是无法得知其会计账面收入的，所以该种方法对于非上市公司已然失去了其适用性。由于上市公司的数量毕竟还是有限，而且上市公司和非上市公司在财务管理制度等很多方面可能都存在差异，这就使我们将研究的视野拓宽到非上市公司从而更加全面考察企业的纳税遵从度显得尤为必要。

Cai 和 Liu（2009）在其《竞争与企业避税：来自中国工业企业的证据》一文中对于企业避税测度的开创性研究使非上市企业税收遵从度的实证分析成为可能。他们的测度思想与会计—应税收入差异的思想是一致的，也是寻求企业更加真实的收入，只不过在无法得知企业会计账面收入的情况下，利用国民收入核算账户，即企业总产出减去所有的中间投入，得出企业真实利润的代理变量——推算利润。推算利润与会计核算准则中的报告利润两者的差异越小代表企业的避税程度越轻，反之越重。但是由于会计核算准则和国民收入核算账户两种方法存在固有的差异，如在对收入的确认和固定资产折旧等方面，两者都是不同的，所以推算利润与真实利润并不是完全相等的，但两者理论上是正相关的。详细的测度步骤我们将在后面叙述，这里就不再赘述。之后有学者沿着这种方法从不同角度研究企业逃避税问题，如从国税和地税的税收执法差异角度（范子英、田彬彬，2013）、从政府规模和地方治理角度（马光荣、李力行，2014）、从非税负担角度（吕炜、陈海宇，2015）。

2.2.3 其他测度方法

除了上述两种方法之外，还有一些其他的测度方法，如问卷调查法、实验经济法、模型分析法、直接观察法等，下面我们将重点简述问卷调查法和实验经济法。

（1）问卷调查法。问卷调查法主要是调查者对纳税人有关税收遵从度的问卷调查。调查者可能会涉及一系列的有关税收遵从的问题，如纳税人对税法的理解、纳税人对税负的主观感受、纳税人对税款缴纳的态度、纳税人不遵从税法预期的收益和风险以及可能影响纳税人税收不遵从意愿的因素，通过对这些问题的分析和总结，找出纳税人的税收遵从分布状态和各个分布状态背后的影响关系。与税务数据和财务数据这些相对客观的数据不同，问卷调查可以很好地反映纳税人的主观状态，这是客观数据所不能反映的，但正因为是主观数据，很容易受纳税人本身状态的影响，其可信度和准确性都饱受质疑。

（2）实验经济法。实验经济法主要是实验人员通过实验设计获取纳税人信息的方法。实验的参与者一般是在税务机关的稽查概率和处罚比率等都一定的情况下自行选择如何申报，通常是要在一个期间内多次申报，目的是找出哪种因素是影响税收遵从的最主要因素。实验研究方法的优点在于实验是一个受控的环境，实验人员可以通过实验程序的设计对纳税人的行为进行模拟，从而较好地拟合纳税人的税收遵从度。但该种方法也存在缺陷，因为实验研究是一个虚拟的环境，同真实世界差异很大，还有一些其他影响税收遵从的因素，如心理、道德因素是不能在实验中复制的，而且，实验经济法的关键点就在于实验的设计上，但是参与人有多少、参与人员的代表性怎样、参与人员对待实验态度等都是设计的难点所在。所以实验设计结果的一般性和适用性通常会受到质疑。

通过对税收遵从测度方法的简要梳理发现，无论是哪种方法都各有优缺点，还没有哪一种方法是主流的测度方法，而这恰好也是税收遵从领域研究的难点与重点所在。因此，这就需要我们根据研究视角的不同选择较为合适的方法。

2.3 从个人税收遵从到企业税收遵从

2.3.1 个人税收遵从研究对企业税收遵从研究的借鉴性

早期研究税收遵从的文献，主要是对个人税收遵从的研究，而且多是关注个人所得税的遵从问题，鲜少涉及企业的税收遵从问题。然而企业作为经济活动中的重要微观个体，其所缴纳的税收占整个税收收入的比重越来越大，可以说，企业税收遵从度如何抑或是企业税收流失多少无疑对一个国家财政收入乃至经济增长都会产生较大的影响。所以企业税收遵从问题也逐渐引起学者们的关注，开始成为重要的研究课题。其实无论是个人还是企业其税收遵从问题都有共性所在，早期个人税收遵从研究对企业税收遵从的研究具有很大的借鉴性。

第一，从纳税不遵从的动机来看，不考虑其他情况，即不考虑外部系统的影响，在其他条件一定的情况下，对于个人来说，在"理性经济人"假设下，其不遵从税法或者说逃避税的主要动机是个人的所得最大化，或者说预期的效用最大化，那么在这个时候，个人的所得越多，纳税不遵从的意愿就会越高。相应地，对于企业来说，企业则是追求利润的最大化，或者说企业主追求自身效用的最大化，同样，企业的真实利润越高，其纳税不遵从的意愿也会越高。由此可见，从个人税收遵从到企业税收遵从，纳税不遵从的内在动机具有高度的一致性，即均是追求自身收入的最大化。

第二，从外部系统环境来看，个人和企业是面对着共同的外部系统，无论是个人还是企业，其纳税行为都深受外部系统环境的影响，是内外部环境共同影响的结果。早期关于个人税收遵从的研究，将影响税收遵从的因素概括为税率、稽查概率和惩罚比率等几个方面，当然这只是理论上的一种简化分析，事实上，现实世界是一个错综复杂的系统，纳税行为的影响包括但不仅仅限于这些方面的影响，还包括纳税服务、法治水平、征管效率等多个方面的影响，这些都构成了纳税人缴纳税收的外部系统环境，对纳税人的纳税行为产生重要影响。所以外部系统环境也是研究企业纳税行为的重要视角，而从税率、稽查概率和惩罚比率这些方面出发也构成了企业税收遵从研究的重要理论基础。

第三，从税收遵从的测度方法来看，由于纳税不遵从或者逃避税行为本身就是一个很隐蔽的行为，尤其是对于偷逃税行为来说，这种行为更是违法行为，企业一旦发生了这种行为，也会想方设法去隐蔽这种行为以躲避处罚，这都会增加准确测量纳税不遵从度的难度，也直接决定了税收遵从研究的难度。而对个人的税收遵从研究来说，理论研究居多，无论是预期效用理论还是前景理论，无论理论怎么发展，形式上发生什么变化，但在税收遵从度的刻画上，背后的思想都是从申报收入和真实收入上间接刻画，以申报收入作为决策变量，进而考察外生变量变化对纳税人纳税行为的影响。而到了企业的税收遵从研究上，背后的思想都是相通的，如何从报告利润和真实利润的差距间接刻画税收遵从度成为企业税收遵从研究的关键点所在。在这个问题上，针对上市公司的会计—应税收入法和针对非上市公司的会计准则和国民收入核算差异法都是试图解决该问题的很好尝试。

2.3.2 企业税收遵从研究的特殊性和复杂性

我们前述介绍了个人税收遵从研究对企业税收遵从研究的借鉴性，虽然两者的研究本质上是同一个问题，有很多的共性之处，但是细究起来，两者的研究又有所不同，而且企业的税收遵从问题要比个人的税收遵从问题研究起来复杂得多，具有自身研究的特殊性。

（1）企业税收遵从研究的特殊性。

企业税收遵从的特殊性就在于纳税行为策略要涉及多方利益主体。对于个人纳税行为来说，利益主体只是涉及个人和征税机关，是两者相互博弈的结果。但与个人不同，企业则要涉及多个利益主体，如果我们不是将企业理论上抽象为一个利益主体，如企业主，与个人纳税遵从行为一样，是企业主与征税机关博弈的结果。但从实际情况来看，现代企业大多采用职业经理制，即企业主或者企业的股东会聘请专业的经理人进行公司的业务治理。这样，从委托—代理角度看，职业经理人受聘于企业股东，向股东负责，但是经理人也具有"理性经济人"的一面，也会追求自身利益的最大化，因而在企业的纳税行为上，职业经理人与企业股东未必具有内在的一致性，即两者很有可能是会发生利益冲突的。例如，企业股东可能出于维护公司形象或长远发展考虑，会选择遵从税法，但是职业经理人就不同，从他们的角度来看，看重的是利润，是企业的利益最大化，那么，他们很可能就会逃避税，选择纳税不遵从，追求尽可能高的税后利润。这样，企业的纳税遵从策略实际上就涉及企业股东、职业经理人和征税机关等多利益主体相互博弈的结果，就使问题的刻画相对二元博弈方要复杂得多。

（2）企业税收遵从研究的复杂性。

企业税收遵从研究的复杂性主要体现为以下两个方面：第一，企业本身研究较为复杂，从规模看，企业有大中小型规模之分；从所有制类型看，企业有国有、集体、私营、外资等之分；从金融市场融资方式看，又有上市公司和非上市公司之分，这仅列举了其中的几例，真实环境中还包含更多类型的企业，正是由于企业类型的多样性和复杂性，企业的纳税决策必然也会存在较大差异，从而增加了研究的难度。第二，企业数据可得和衡量方法的难度性，前述在我们总结税收遵从的测度中，我们介绍了几种衡量方法，包括以财务数据衡量的直接观察法，以申报收入与真实收入差异衡量的间接测度法，还包括实验研究和问卷调查法等其他衡量方法。但其实无论是哪种方法，对于个人的税收遵从衡量来说都是相对具有优势的，因为个人的纳税行为毕竟涉及的利益主体要少，遵从程度测度起来相对要简单和真实一些，而且，无论是实验研究法还是问卷调查法，对于个人来说研究设计都要简单得多，成本也相对比较少，但是企业就不一样，企业的纳税行为刻画就要复杂一些。正是因为企业纳税遵从数据的难得性，也使关于企业税收遵从的实证研究一直都进展缓慢，其中关键点就在于企业真实收入的如何测度问题，即使我们能够找到相对趋近的代理变量，但由于上市公司和非上市公司存在很大的差异，使代理变量的适用性又受到很大的局限，这都为我们相对准确认识纳税遵从带来了难度。

基于制度环境视角的
企业税收遵从
行为研究

Chapter 3

第3章 中国企业税收遵从的经验观察

第3章 中国企业税收遵从的经验观察

3.1 中国税收遵从问题的总体性概述

3.1.1 税制变迁与税收遵从的相关性分析

一般来说，税收制度是指一国按照一定的政策和原则所构建的税收体系。其中，"税收体系"意味着税制是由逐个税种组成的统一体，而"一定的政策和原则"则是指税制结构的设计必须遵循一定的税收政策和原则，因遵循不同的税收政策和原则的税制结构必然也不相同（高培勇，2014）。而税收制度作为社会整体秩序的一部分，也会在内外诸多因素的相互作用下产生变迁过程（刘东洲，2008）。对税制变迁而言，不仅仅包含众多因素相互反应的复杂性，更要从历史演进的动态过程去考察。不同的国家由于生产力发展状况、政府治理水平以及社会发展水平等不同，决定了不同国家所采用的具体税制也不相同，纵然是同一个国家，在不同的历史发展阶段也会因为阶段性的发展特征或者特殊的实践背景而呈现出不同的税制变化，也就是说，税制是随着不同国家不同历史阶段而呈多样性、复杂性和动态性变化，这也是税制变迁的重要特征。

税制演进历程是有规律可循的。不论税制怎样变迁，公平和效率都是始终贯穿整个过程的重要线索。税制设计如何，其中体现的公平性和效率性以及公平与效率的关系是对其判断的重要标准，实现公平和效率的均衡一直都是税制设计追求的目标，所以税制的变迁也是税制公平和效率不断相互调和的过程。从某种意义来说，客观经济社会条件对税制的制约，主要就是对税制公平和效率均衡统一实现程度的制约。

毫无疑问，税收制度对税收遵从将产生重要影响，税制的设计、实施机制都将直接关系到纳税人税收遵从程度的高低，反过来说，税收遵从也会对税制的运行产生反馈影响，税制设计和实施也必须充分考虑税收遵从因素。可以说，税制变迁过程就是一个税制与税收遵从相互作用的过程。

3.1.1.1 税制变迁对税收遵从的影响

在制度经济学中，制度是一些人为设计的，型塑人与人之间互动关系的约束，有正式制度、非正式制度和实施机制之分。其中，正式制度通常是指公共管理部门制定或颁布的一系列用于约束人们行为的规则或条文，包括政治、经济和法律规则等，是对行为的"硬约束"，具有强制力。非正式制度是人们在长期的社会交往中逐渐形成，得到社会普遍认可的，共同恪守的行为准则，包括风俗习惯、文化传统、道德伦理以及意识形态等，是对行为的"软约束"。虽然说正式制度为经济社会生活提供了秩序，是非正式制度的基础，但在日常生活中，其很少会形成人们行为选择明确而又直接的来源，非正式约束则是非常普遍的，可以说是渗透到生活当中的，无论是家庭个体内部，还是在外部的社会交往中，惯例一般支配着人们的行为。因而，在一定程度上，非正式的制度可能比正式制度更重要，正式规则可以根据实际情况作灵活调整，但非正式规则的生存基础却很稳固，朝夕之间难以改变。实施机制则是保证正式规则和非正式规则得以实施的手段或条件，对于制度功能和绩效的发挥起着至关重要的作用。而对应到税制中，正式的税制设计、非正式的税收意识约束以及税收征收管理机制广泛影响税收遵从问题（诺斯，1979；柳新元，2002；郑宝凤，2011）。

（1）正式税制设计对税收遵从的影响。

第一，税制设计是否简明确定，如果纳税方法、纳税程序等过于烦琐将直接推高纳税人的税收遵从成本，降低纳税人缴纳税收的积极性。

第二，税制结构如何，以什么为主体税种都会影响税收遵从。由

第3章 中国企业税收遵从的经验观察

于税制结构主要研究不同税种之间的组合及配比问题，再加上不同税种的税收遵从成本都不相同，这就决定了不同的税制结构下税收遵从成本也是不同的。一般来说，以所得税为主体税种的税制结构，税收遵从成本要高于以流转税为主体税种的税制结构，而以企业税收为主体的税制结构，税种遵从成本又要高于以个人税收为主体的税制结构。

第三，税率高低、税基宽窄也会影响税收遵从。为了保证稳定的税源，政府要么选择"低税率、宽税基"的征税模式，要么选择"高税率、窄税基"的征税模式。如果采用前一种税制模式，整体的社会负担可能相对比较公平一些，分配到具体纳税人身上的税收负担也相对较轻，税收遵从度可能就会比较高；反之，在高税率的情况下就容易出现纳税人负担过重的情况，就会影响其纳税积极性，降低纳税遵从意愿，甚至出现偷逃税情况。

第四，税收优惠能否规范，是否公开透明，税收政策是否稳定连续都会影响税收遵从。如果税收政策的连续性差，变动过于频繁就会导致纳税人无所适从，难以形成稳定的预期，最终会导致过高的税收遵从成本。

（2）非正式约束对税收遵从的影响。

不同于正式规则对税收遵从的"强制"或"硬性"的影响，非正式规则对税收遵从的影响则偏向"软性"化，但正是这种"软性"化使其对税收遵从的影响更加持久和稳固。因为长时期形成的价值理念或者意识形态是会固化人们对税收的认识，一旦人们形成只享受税收为自己带来的福利而自己却没有纳税义务的这种意识，那么税收遵从程度整体上就会偏低。而且人都是具有群体性，纳税人对税收的态度和决策很容易受周围其他纳税人税收缴纳情况的影响，如果周围其他纳税人的税收遵从度都很高，那么该纳税人的税收遵从度也会比较高，反之，可能就会比较低，即存在一种"从众"的心理。可见，这种非正式约束对税收遵从的影响是至关重要的，这种重要性更在于它甚至在某种程度上都可以不以正式规则的改变而转移，形成一套较为完整的稳定的影响模式，并且不会轻易被打破，这就会严重制约正式规则的执行效果。

（3）税收征管机制对税收遵从的影响。

当然，无论是正式的规则抑或是非正式的，都还只是静态的层面，其对税收遵从的影响最终还是要依赖于实施机制的动态执行，要靠税收的征收管理机制。纵然我们拥有一套完美的行为规则，但无法得以实施，便也形同虚设，试想，"有法可依"但"不依"，最终还是起不到法律对纳税人行为规范的效果。在具体的操作过程中，税收执法人员是否严格依法征税、对税务的稽查是否到位、对于查处的违法税收行为能否从严执法等，都会对纳税不遵从行为起到很大的威慑作用。所以严格、高效的税收征管机制可以大大提高纳税人违法纳税的成本，从而提高纳税人的税收遵从度。

3.1.1.2 税收遵从对税制变迁的影响

从制度经济学上看，一项制度发生改变的内在推动力量就是潜在的收益能否超过潜在的成本。理解制度变迁，关键点之一就在于潜在的收益，若没有潜在收益，制度变迁就不会发生，当然，即使有了潜在收益，制度变迁未必就会发生，因为制度变迁还会涉及潜在的成本问题。在诺斯看来，"如果预期收益超过预期成本，一项制度安排就会被创新"。科斯也认为，"制度是在变化的所得收益超过所得成本时发生改变的"。可以说，制度变迁就是一个潜在收益和潜在成本之间相互博弈的过程。而制度变迁过程中产生的潜在成本在制度经济学中也被称为交易成本，交易成本也是理解制度变迁的重要线索。

类似地，税制变迁同样如此，预期收益超过预期成本则是发生税制变迁的前提。通常，税制变迁的交易成本可能会涉及三个方面：一是税制设计以及税收政策等相关的制定成本；二是税制在运行过程中所产生的成本，既包括税收征管人员的征税遵从成本，也包括纳税人的纳税遵从成本；三是税收的社会成本，指制度运行带来的超出政府税收收入的额外经济损失，会造成社会资源的浪费，是对税制是否健全和完善的综合反应（刘东洲，2008）。

税制的交易成本也是影响税制变迁的根本因素，而其中税收遵从成本又是影响税制变迁交易成本的重要因素。正如英国经济学家锡德里克·桑福德所言，"税收遵从成本最小化应当是税制建设追求的一个重要目标"。首先，从直观层面看，税收遵从的高低会直接影响到税收收入的多少，而这又会对财政支出以及税收政策调整各个方面都会产生连锁性反应，构成税制变化的重要引线；其次，从一项税制设计的优劣判别标准上来看，税收遵从成本较低不能保证这项税制设计就是好的，但好的税制设计的前提应当是较低的税收遵从成本；最后，从税制的内部稳定性来看，税收遵从成本越低，税制的内部运行稳定性就越高，反之，成本越高，税制变迁的可能性也会越高，当税收遵从成本足够大时，税制变迁就发生了。

3.1.2 中国现行税制对税收遵从的影响

前述我们对税制变迁与税收遵从之间的相关性进行了简要的概述，有了一个大致理论上的了解，下面，我们将结合我国的税制实践情况阐述其对税收遵从的影响，依然是按照正式的税制设计、非正式的税收意识约束以及税收征收管理机制这样的逻辑梳理。

3.1.2.1 正式税制对税收遵从的影响

我国现行税制基本上还是沿袭1994年分税制改革的格局，虽然中间历经多次调试，也在不断适应经济社会发展的需要，但运行至今，无论是税制本身，还是税制结构均存在一些不尽合理之处，这些问题也严重制约了我国税制功能的有效发挥，对征税人和纳税人的税收行为都会产生复杂的影响，进而引发税收不遵从问题。目前我国税制存在的问题主要集中体现在以下几个方面：

第一，直接税与间接税配置失衡问题突出。据统计，在我国2012年全部税收收入中，只有25%左右来自直接税，而70%以上来自间接税。这会引发什么问题呢，相较于直接税，间接税是可以转嫁的，如果间接税所占比重过高客观上会造成居民和企业的税收负担较重。所以我国当前的直接税与间接税配置失衡问题不仅不利于发挥直接税的收入分配调节功能，过高的税负也不利于纳税人税收遵从度的提升。

第二，营业税与增值税存在重复征税问题。同属于流转税的营业税和增值税长期以来一直都存在部分重复征税问题。虽然目前我国也已开始全面实行"营改增"改革，但在看到这一利好消息的同时，也要看到由此带来的行业税负不均及地方税务局税收减少等新出现的问题，而新的问题势必又会带来新的税收遵从问题。

第三，个别具体税种仍存有不合理之处。如个人所得税，当前我国个人所得税所占比例较低，工薪阶层实际上是缴纳个税的主体，出现了穷人税负重而富人税负轻的"逆向调节"局面，这样就会降低工薪阶层的纳税遵从意愿。另外，消费税、资源税、房产税在课税范围上都存在不同程度上的问题，资源税和房产税都存在课税范围过窄问题，而消费税则是存在课税范围的"缺位"和"越位"问题，一些污染环境严重的消费品还没有被纳入课税范围，而一些已是生活必需品的消费品仍被征收消费税。

上述我国现行税制存在的问题都客观上增加了纳税人纳税不遵从的可能性，降低了税收遵从意愿。

3.1.2.2 非正式规则对税收遵从的影响

在上述的理论分析中，我们已经认识到非正式规则对税收遵从影响的重要性，这种影响一旦形成某种税收意识，则很难在短时期内被改变。接下来，我们就具体看一下我国长期以来形成的非正式规则是如何影响税收遵从的。

第一，从历史的维度来看，我国是一个有着几千年封建传统的历史悠久的大国，儒家思想根深蒂固，税收观念以及税收文化都被深深打上了烙印，崇尚人治忽略法治的理念渊源流长。"普天之下，莫非王土；率土之滨，莫非王臣"，在几千年的历史长河中，除了少数开明君主的太平盛世外，横征暴敛者多，轻徭薄赋者少，税收虽然"取之于民"，但却没有好好"用之于民"。"皇粮国税"强调的是国家利益，纳税人更多的是纳税义务，却享受不到税收权利，在长期被剥削的压迫下，人们对税收的逆反心理严重，极端时甚至揭竿而起，暴力反抗，在这样的税收环境下，人们的税收遵从意识自然是不高的。关键是这样的税收文化传统至今在人们的纳税行为中产生重要影响。

第二，从社会的风气来看，在上述非正式规则对税收遵从的理论性描述中就已经指出，如果存在这样一个社会环境，大多数纳税人都遵纪守法，按时足额纳税，而且一旦有纳税人不遵守税法不仅会受到法律的严惩同时还会受到舆论的强烈谴责，那么逃税者无论是逃税成本还是心理压力都会非常大，迫于整个社会的舆论压力，逃税者也会有所收敛，减少纳税不遵从行为；反之，在一个纳税风气恶劣的环境里，逃税者的生存空间就会非常宽松，纳税遵从度自然就会下降，偷逃税盛行。

因此，无论是历史的文化传统还是社会的纳税风气对税收遵从多是负向影响，制约了公民税收遵从度的提高。

3.1.2.3 税收征管机制对税收遵从的影响

有效的税收实施机制是要能使纳税人违法的成本大于违法的收益，进而对潜在的违法行为起到威慑作用。当前，我国在税收征管机制上也存在制约税收遵从提高的地方，总结来看，体现在下述几个方面：

第一，从对纳税人的税收激励来看，因为纳税人首先是一个"理性经济人"，是追求自身效用最大化的，所以纳税不遵从是本性使然，纵然税收再具强制性，纳税人还是会想方设法去偷逃税，这时候就要从机制上对纳税人进行纳税激励。但是，当前我国还缺乏对纳税人遵从税收的有效奖励措施，没有进一步明确遵从行为无论是在物质上还是精神上相对于不遵从行为的优越性何在，如果纳税人自觉遵从税收得到的效用并没有得到提升，其遵从意愿自然就会下降，从某种程度上来说，奖励诚实纳税比惩罚不诚实纳税会更加有效。

第二，从政府的"用税"角度来看，政府征收上的税收有多少被有效利用，有多少是"用之于民"，纳税人对税款的知情权又有多少，这些都会直接影响纳税人对税收的态度，因为，纳税人虽然具有缴纳税收的义务，但同时也具有监督税收使用情况的权利。当前，我国政府的财政支出存在"越位"与"缺位"问题，"越位"表现在本应让市场发挥作用的领域，政府并未退出；而"缺位"表现在需要政府财政支出的领域如教育、医疗、环境保护、社会保障等，政府却显现出无力矫正或矫正不足。试想，如果政府征税不是为了造福社会，而是为了一己私利；如果纳税人知道自己缴纳的税收没有被有效利用在公共服务领域而是被部分官员贪污腐败，就会使纳税人丧失对政府的信心，打击纳税人的纳税积极性，降低对政府的税收使用预期，进而引发税收不遵从行为。

第三，从税收执法过程来看，我国目前还存在税务人员执法行为不规范，有较大随意性等问题，导致"人情税""关系税"以及"寻租"行为普遍，这就必然会造成对那些诚实纳税人的不公平，导致纳税人的心理失衡，纳税遵从意愿自然就会下降。而且我国目前对税收违法行为的惩罚力度并不大，这就使偷逃税等纳税不遵从行为的收益增大，可以这样说，若不能做到对税收违法行为的严厉打击，最终会传导到纳税人的税收遵从行为上。

第 3 章　中国企业税收遵从的经验观察

3.2　中国企业税收遵从的比较分析——以工业企业数据为例

3.2.1　样本选择与测度方法

（1）中国工业企业数据库简要概述。

本书的样本数据来自中国工业企业数据库，中国工业企业数据库的全称是"全部国有及规模以上非国有工业企业数据库"。"规模以上"指的是企业的主营业务收入要达到每年在 500 万元及以上，不过这一标准在 2011 年已改为 2000 万元及以上。"工业"主要指的是制造业，在该库中，制造业的数目达到了 90% 以上。该数据库自 1998 年开始采集，因此，多数学者使用的年份是 1999~2007 年。1999~2007 年数据库中共包含 200 多万个观测值，样本数量也呈逐年递增的态势，从 1999 年的大约 16 万家企业增加到了 2007 年的大约 33 万家，可以看出，每年的企业数目都不一样，因而该数据库也是一个非平衡的面板数据集。

从数据库涵盖的内容看，可分为两类信息：一类是企业的基本情况，包括企业代码、企业名称、注册类型、开业年份、职工人数等；另一类是企业的财务数据，包括固定资产、流动资产、财务费用、管理费用、研发费用、工业总产值、应交所得税、应交增值税等。需要特别指出的是，由于 2004 年为我国的经济普查年，因而这年的数据库还包含不同学历、不同职称的男女职工数量，可进一步丰富研究的内容。

该数据库也因为样本容量大、指标比较全、时间序列长而具有明显的优势，而且该数据因为包含大量的非上市公司，相对上市公司金融数据库，该数据库使全面研究企业问题成为可能。但是，该数据库也存在很多问题,如样本匹配问题、指标缺失问题以及存在异常值等问题,成为该数据库处理的关键所在。

该数据库近年来在生产率(谢千里等,2008;张杰等,2009;周黎安等,2007;刘晓玄等,2008)、公司金融以及逃避税(Cai and Liu,2009;马光荣、李力行,2012;范子英、田彬彬,2013)、宏观政策的微观影响(聂辉华等,2009;袁渊、左翔,2011;毛程连、吉黎,2014),还有国际贸易、研发等方面得以广泛应用。

(2)数据处理方法。

当前,在可获得的数据库中,中国工业企业数据库是仅次于经济普查数据库的最大的企业级数据库(聂辉华等,2012),因而也具有较高的代表性和可信度。但是该数据库也存在很多问题,如果不对这些问题进行处理就会直接影响我们的统计分析结果。因此,为了剔除异常值,得到一个较干净的样本,本书参考 Cai 和 Liu(2009),马光荣、李力行(2012),吴文锋等(2009)的方法,先对数据进行了如下的预处理:

第一,删除关键变量缺少的观察值,如企业总产出、员工数量、总资产、利润总额、成立时间、所得税费用、当期折旧等。

第二,删除明显不符合逻辑的观察值,如企业的总资产小于流动资产、总资产小于固定资产总额、累计折旧小于当期折旧、总产出为负、企业投入为负(包括员工数量、中间投入、固定资产总额、固定资产原值)。

第三,删除销售额少于 500 万元的企业,即以下三条之中满足任意一条的企业:(1)总资产少于 100 万元;(2)员工数量少于 10 人;(3)固定资产原值少于 100 万元。

第四,删除税前利润为负或者所得税费用为负的样本,同时还删除了实际所得税率大于 100% 的样本。

第五,删除关键变量值在 99.5% 分位数以上和 0.5% 分位数以下的样本,以防止奇异值干扰回归结果。

第3章 中国企业税收遵从的经验观察

第六,删掉了重复的ID。这样,经过处理之后的样本共包含886211个观察值,涵盖了2003~2007年347579家企业,所以我们选取也是一个非平衡的面板数据集。此外,由于西藏的数据还具有较大的不完整性,同时也考虑到要在后面与省份宏观数据的匹配问题,本书也删除了所在地区为西藏的观测值,但这部分的观测值只占到总观测值非常小的一部分,对回归结果影响不大。

值得提出的是,由于该数据库的样本量比较大并结合本书的研究需要,我们最终选取了2003~2007年作为样本区间。之所以这样处理,是由于一方面,2003年开始我国开始实施企业所得税收入分享改革方案,2008年实施了新的企业所得税税法,选取两次重大改革之间的时间段进行研究也是考虑到这段样本区间受政策波动的影响较小,以便于集中观察制度环境对企业税负的影响,保证研究的连贯性。另一方面,也是由于工业企业指标在不同年份的连续性问题,有些指标并不是连续均出现在各个年份的数据库中,如2008年和2009年的数据便没有中间投入、折旧、工资这几项指标,而这几项指标恰好是本书计算推算利润时所需要的(推算利润 = 企业总产出 - 中间投入 - 财务费用 - 工资支出 - 当期折旧 - 所交增值税额),由于后面我们还会详细阐释这个问题,在这里只是简单提一下,不作过多分析。

(3)企业税收遵从的测度方法。

在我们对中国企业税收遵从的经验观察部分,主要采用实际税率法,即企业的所得税费用/利润总额作为企业纳税遵从一个简单的衡量指标。实际税率越高,代表企业的纳税遵从度也越高,反之则越低。之所以采用该种方法测度,有以下几个方面的考量:

第一,该指标也是目前文献中较为常见的测度企业逃避税等相关纳税遵从方面的指标,具体情况我们已在第2章关于税收遵从的测度方法中详细介绍过,这里就不再赘述。

第二,从准确度看,相较于会计准则与国民收入核算差异法,实际税率法的精准性要降低，因为这其中可能还会包含合理的税收优惠等因素在内。但是会计准则与国民收入核算差异法最大的问题在于可能会存在测量误差，而这种测量误差我们可以通过计量模型的构建去规避它。然而，这在我们单独观察企业纳税遵从时却无法做到，如果运用两种核算差异法进行经验观察可能会带来较大误差。

第三，采用实际税率法也可以更好地与企业的法定所得税率形成比较，更全面地考察企业的实际税率变化。

综合以上几个方面的考虑，本书最终选取了实际税率法作为企业纳税遵从的一个初步的衡量标准。

在后面具体的分析中，我们主要分三个层面去考察企业纳税遵从度的动态变化：一是实际税率与法定所得税率的比较；二是同一企业在不同年份实际税率的纵向比较；三是不同所有制类型、不同地区、不同行业间、不同规模、不同生命周期阶段及不同税收征管强度下的企业实际税率横向比较。

3.2.2 不同所有制企业的税收遵从比较

表3-1中报告了2005年、2006年和2007年中国工业企业数据库中几种所有制类型企业的实际税率的基本情况。从企业数目来看，国有企业数目在报告年份里是在逐年减少的，而私营企业是所有企业类型中数目最多的，且近年来总量也不断增加，这也正是我国民营企业正在发展壮大的经验写照。

第一，我们先从法定所得税率（名义税率）和实际税率的比较来看，与上市公司的金融数据库不一样，工业企业数据库并没有报告名义税率这一选项。但整体来看，无论是哪种所有制类型企业在哪一年的实际税率都远低于33%的企业所得税法定税率（2008年以前）。

第3章 中国企业税收遵从的经验观察

表 3 – 1　　不同所有制类型企业的税收遵从情况比较

企业所有制类型	2005 年		2006 年		2007 年		三年平均	三年平均排名
	企业数目	实际税率（%）	企业数目	实际税率（%）	企业数目	实际税率（%）	实际税率（%）	
国有企业	5638	18.03	5094	17.70	4319	16.45	17.39	4
集体企业	14944	20.59	12938	20.38	11751	18.58	19.85	3
私营企业	98692	18.78	119495	24.46	106041	20.61	21.28	1
港澳台企业	26471	6.23	19429	8.63	18652	13.87	9.58	5
外商独资企业	25293	8.77	31931	4.48	31496	7.63	6.96	6
其他企业	21238	21.13	21703	20.78	23021	19.73	20.55	2

资料来源：根据中国工业企业数据库微观数据整理而得。

第二，我们从同一类型企业在不同年份的纵向数据比较来看，国有企业、集体企业的实际税率均呈三年依次递减的趋势；私营企业则是在 2006 年要高于 2005 年，但在 2007 年有下降趋势，不过，2007 年的实际税率仍然高于 2005 年；港澳台企业则呈现出一个逐年递增的趋势；外商独资企业在 2006 年经历了一个极低的实际税率，只有 4.48%，在 2007 年有所回升的形势下仍然低于 2005 年的 8.77%，总体上还是有一个下降趋势的；其他企业则是除了上述几种典型所有制企业以外的企业，这里就不作过多赘述，整体来看是呈下降趋势。

第三，从不同类型企业的横向比较来看，以三年实际税率的平均为比较标准，三年平均排名最高的是私营企业，为 21.28%；排名最低的是外商独资企业，仅为 6.96%。可以看出，私营企业平均实际税率高出外商独资企业三倍还要多。平均实际税率从高到低的排名依次是私营企业、其他企业、集体企业、国有企业、港澳台企业、外商独资企业，如图 3 – 1 所示。

私营企业的实际税率比较高也恰恰反映了我国民营企业实际税负

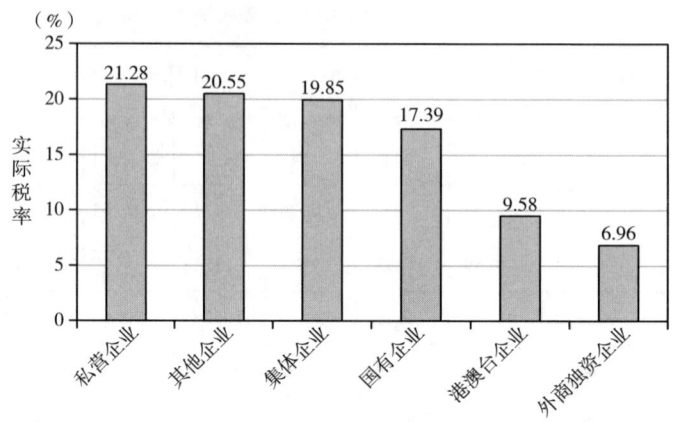

图 3-1 不同所有制类型企业的税收遵从情况比较

资料来源：根据中国工业企业数据库微观数据整理而得。

比较重的事实，外商独资企业的实际税率最低可能与我国一直对外资企业有着较大的税收优惠力度相关。2008年以前，我国实行的是内资企业与外资企业有差别的"两税并存"政策，在税率、税收优惠等方面，涉外企业均享有"超国民待遇"，但2007年3月全国人大审议并通过的《中华人民共和国企业所得税法》规定，自2008年1月1日起我国开始两税合并，内外资企业的法定税率统一为25%。事实上，也有不少实证研究的确证明了2008年"两税合并"之后我国外资企业实际税率较之前发生了明显的变化，如毛程连、吉黎（2014）利用双重差分法研究2008年的"两税合并"政策对外资企业逃避税的影响，研究发现，"两税合并"使外资企业面临的实际税率提高了。

3.2.3 不同地区间企业的税收遵从比较

表3-2中报告了不同地区2005年、2006年和2007年企业实际税率的基本情况。具体地，我们分东、中、西部来进行区域性的比较

分析。从表3-2中可以看出，东部地区的企业数目总数是最多的，西部地区的企业数目是最少的，以2007年为例，东部地区企业数目是西部地区企业数目的近八倍。虽然说企业数目并不是唯一反映一个地区经济发展水平的指标，但是完善的基础设施、良好的制度环境等确实能够吸引更多的企业前来投资。而越多的企业投资就会进一步促进当地经济发展，从而形成一个良性的循环。

表3-2　　　　不同地区间企业的税收遵从情况比较

地区	2005年		2006年		2007年		三年平均
	企业数目（家）	实际税率（%）	企业数目（家）	实际税率（%）	企业数目（家）	实际税率（%）	实际税率（%）
东部地区	129409	18.97	147680	18.86	165694	18.56	18.80
中部地区	28944	14.89	33747	13.80	40862	12.39	13.69
西部地区	16281	15.44	18472	15.48	21861	14.01	14.98

资料来源：根据中国工业企业数据库微观数据整理而得。

第一，从名义税率与实际税率的比较来看，无论是哪个地区还是哪一年企业实际税率均是明显低于33%的法定所得税率。

第二，从每一个区域的不同年份的纵向比较来看，很明显，东部和中部地区的企业实际税率均呈现逐年递减的趋势；西部地区则是在2006年有轻微的上升，随后在2007年又开始下降，整体是呈下降趋势的。总体来看，东、中、西部企业实际税率均呈逐年下降趋势。

第三，从三大区域横向上比较来看，仍然以三年平均的企业实际税率为比较标准，东部地区企业平均实际税率为18.80%，是三大区域中最高的，中部地区企业平均实际税率为13.69%，为三大区域最低，而在西部地区居中，企业平均实际税率为14.98%，虽然比中部地区要高，然而却远远低于东部地区，这一点，我们也能从图3-2中清晰感受到。

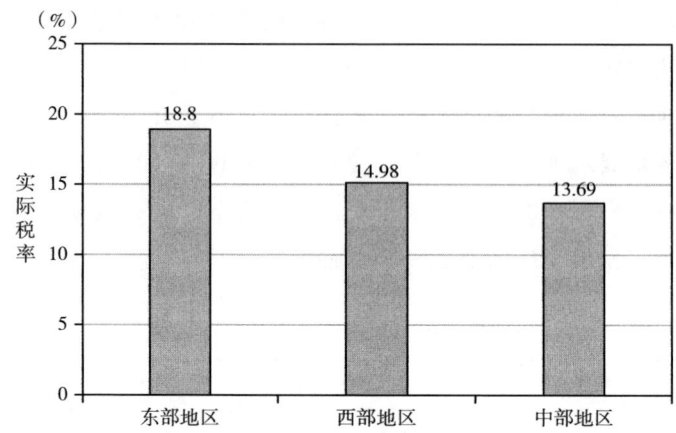

图 3-2 不同地区间企业的税收遵从情况比较

资料来源：根据中国工业企业数据库微观数据整理而得。

总体来看，三大区域的企业税收遵从比较结果基本符合预期。东部是我国经济最为发达的地区，也是最先实行改革开放的区域，改革开放初期，我国对经济特区多实行税收优惠政策，以鼓励当地经济发展，但运行至今，东部地区的企业发展、税收征管等都日趋完善，实际税率相对比较高。反观中部和西部地区，相对东部地区而言，这些地区经济发展较为落后，对此，国家近年来对其的政策扶持包括税收优惠等力度均比较大，再加上在税收征管方面，中西部地区的环境本身就劣于东部地区，种种因素综合作用下导致中西部地区企业的实际税率要远低于东部地区，逃避税情况可能也更加严重。

3.2.4 不同行业间企业的税收遵从比较

表 3-3 中报告了不同行业间 2005 年、2006 年和 2007 年的企业实际税率基本情况。我们首先按照国民经济行业分类和代码表与工业企业数据库行业代码进行匹配，由于数据库中主要涵盖的是工业制造业，并没有农、林、牧、渔业，交通运输、仓储和邮政业等门类，因

此，我们最终匹配出了从煤炭开采和洗选业到农副食品加工业再到水的生产和供应业等39个二位数行业大类。

表3-3　　　不同行业间企业的税收遵从情况比较

国民经济行业分类	2005年 企业实际税率（%）	2006年 企业实际税率（%）	2007年 企业实际税率（%）	三年平均 企业实际税率（%）	排名
煤炭开采和洗选业	20.20	20.54	18.25	19.66	5
石油和天然气开采业	22.18	20.80	21.34	21.44	2
黑色金属矿采选业	19.74	18.20	19.98	19.31	9
有色金属矿采选业	15.50	13.87	13.35	14.24	36
非金属矿采选业	16.54	16.99	15.13	16.22	31
其他采矿业	12.26	17.06	14.95	14.76	34
农副食品加工业	13.78	13.23	12.55	13.19	39
食品制造业	14.96	15.20	14.07	14.74	35
饮料制造业	14.80	14.19	13.05	14.01	37
烟草制品业	27.93	27.11	24.70	26.58	1
纺织业	17.19	17.46	17.44	17.36	23
纺织服装、鞋、帽制造业	16.51	16.12	16.06	16.23	30
皮革、毛皮、羽毛（绒）及其制品业	17.92	17.87	17.06	17.62	22
木材加工及木、竹、藤、棕、草制品业	13.72	13.73	12.56	13.34	38
家具制造业	16.16	17.59	17.67	17.14	24
造纸及纸制品业	18.65	17.57	17.22	17.81	19
印刷业和记录媒介的复制	21.43	20.39	20.46	20.76	3
文教体育用品制造业	17.19	17.80	18.82	17.94	17
石油加工、炼焦及核燃料加工业	17.28	16.94	15.42	16.55	29

续表

国民经济行业分类	2005年 企业实际税率（%）	2006年 企业实际税率（%）	2007年 企业实际税率（%）	三年平均 企业实际税率（%）	排名
化学原料及化学制品制造业	17.29	16.84	15.63	16.59	28
医药制造业	16.30	15.83	13.94	15.36	32
化学纤维制造业	19.17	16.91	17.74	17.94	17
橡胶制品业	18.78	18.11	17.21	18.03	16
塑料制品业	18.33	18.33	18.20	18.29	14
非金属矿物制品业	18.47	16.72	15.52	16.90	27
黑色金属冶炼及压延加工业	18.25	17.67	15.33	17.08	25
有色金属冶炼及压延加工业	19.05	17.61	16.43	17.70	21
金属制品业	19.39	19.79	19.36	19.51	7
通用设备制造业	20.16	19.86	19.65	19.89	4
专用设备制造业	19.46	19.47	18.33	19.09	11
交通运输设备制造业	19.74	20.03	18.91	19.56	6
电气机械及器材制造业	19.85	19.00	19.32	19.39	8
通信设备、计算机及其他电子设备制造业	14.42	15.19	15.17	14.93	33
仪器仪表及文化、办公用机械制造业	18.18	18.61	19.00	18.60	13
工艺品及其他制造业	18.54	18.06	17.90	18.17	15
废弃资源和废旧材料回收加工业	20.56	17.85	14.72	17.71	20
电力、热力的生产和供应业	20.21	19.37	18.04	19.21	10
燃气生产和供应业	17.11	17.63	16.30	17.01	26
水的生产和供应业	19.01	19.19	18.34	18.85	12

资料来源：根据中国工业企业数据库微观数据整理而得。

第3章 中国企业税收遵从的经验观察

第一,我们依然还是先比较名义税率和实际税率的差异,从表3-3中我们可以看出,大部分行业的企业实际税率都是低于33%的法定所得税率的,但也有例外情况,烟草制品业在2005年、2006年的企业实际税率却分别高达27.93%、27.11%,三年的企业实际税率平均下来也高达26.58%。可能的原因在于烟草本身就属于危害身体的消费品,国家实行高税率的烟草政策也是为了抑制烟草的消费,达到"控烟"的目的。但整体来看,大部分行业的企业实际税率还是低于名义税率的。

第二,我们再来看每个行业不同年份上的纵向比较情况。从表3-3可以看出,有色金属矿采选业、农副食品加工业、饮料制造业、烟草制品业、石油加工业、化学制造业、医药制造业、纺织服装制造业、皮革制品业、橡胶制品业、塑料制品业、非金属矿物制品业、黑色金属加工业、有色金属加工业、通用设备制造业、废弃资源加工业、电力供应业等17个行业的企业实际税率呈下降趋势;家具制造业、文教体育用品制造业、专用设备制造业、仪器仪表制造业等4个行业的企业实际税率呈上升趋势;煤炭开采和洗选业、石油和天然气开采业、黑色金属矿采选业、非金属矿采选业、其他采矿业、食品制造业、纺织业、木材加工制品业、造纸制品业、印刷业、化学纤维制造业、金属制品业、交通运输设备制造业、工艺品制造业、电气机械制造业、通信设备制造业、燃气供应业、水的供应业等18个行业的企业实际税率则呈高低浮动状态。

第三,从不同行业间企业税收遵从的横向比较来看,仍以企业三年平均实际税率为比较标准,从表3-3可以看出,烟草制品业、石油和天然气开采业、印刷业的企业实际税率均高达20%以上,通用设备制造业、煤炭开采和洗选业、交通运输设备制造业等行业的企业实际税率也在19%以上,而且这些行业都属于传统行业,基本符合国家宏观政策;而非金属矿采选业、医药制造业、通信设备制造业、其他采矿业、食品制造业、有色金属矿采选业、饮料制造业、木材加工制品业、农副食品加工业则是企业实际税率最低的行业,均在17%以下,其中,通信设备制造业属于高新技术产业,反映出国家对高新技术产业的税收优惠政策,而农副食品加工业、食品加工业都是生活必需品的行业,也反映出国家对农副产品相关项目所得税的减免政策。

3.2.5 不同规模企业的税收遵从比较

为了观察不同规模企业的税收遵从度是否存在差异,本书根据企业规模将样本企业划分为大企业和小企业,具体划分标准为:首先以企业总资产(取对数)作为企业规模的衡量指标,然后以上述指标的年度均值将企业划分为大企业(企业规模在年度均值以上)和小企业(企业规模在年度均值以下)。表3-4报告了2005年、2006年和2007年中国工业企业数据库中不同规模企业的实际税率基本情况。

表3-4　　　　不同规模企业的税收遵从情况比较

不同规模	2005年 企业实际 税率(%)	2006年 企业实际 税率(%)	2007年 企业实际 税率(%)	三年平均 企业实际 税率(%)
大企业	11.15	14.17	22.47	15.93
小企业	19.11	14.79	15.66	16.51

资料来源:根据中国工业企业数据库微观数据整理而得。

第一,从名义税率和实际税率的比较来看,大企业2005年、2006年、2007年实际税率分别为11.15%、14.17%、22.47%,三年的平均实际税率为15.93%;小企业2005年、2006年、2007年实际税率分别为19.11%、14.79%、15.66%,三年的平均实际税率为16.51%。由此可以看出,无论是大企业还是小企业,无论是企业处在哪一年,实际税率都远远低于33%的名义税率。

第二，从不同规模企业在不同年份的纵向数据比较来看，大企业的实际税率2005年、2006年和2007年是在不断提高的，其中2005年的实际税率只有11.15%，而到了2007年已经明显提高到了22.47%，说明虽然低于名义的税率，但纵向的比较大企业的实际税率是在不断提高的。小企业实际税率变化则有些波动，2005~2006年，小企业的实际税率有了明显的下降，从19.11%到14.79%，而到了2007年，实际税率又有了些许的提高，提高到了15.66%。仅就小企业自身的实际税率纵向变化而言，小企业的税收征缴问题也是值得关注的。

第三，从不同规模企业的横向比较来看，先从单个年份比较，除了2007年大企业的实际税率22.47%是高于小企业的实际税率15.66%外，其他年份大企业的实际税率均是低于小企业的实际税率。再以三年平均的企业实际税率为标准进行比较，可以看出，大企业的实际税率是要比小企业的实际税率低的。大企业的实际税率之所以较低是因为大企业和小企业本身在获取经济、社会、政治等资源方面均存在明显的差异，大公司拥有更多的资源一方面可以进行税务筹划，降低自身的实际税负；另一方面也可以与当地政府建立政治联系，获取如税收等方面的政策优惠。

从上述观察可以看出，仅就大企业自身而言，虽然实际税率远低于名义税率，但纳税遵从度是在逐步提升的。然而，大企业较小企业较低的实际税率也充分说明了大企业的税收征缴问题依然要引起足够的重视，该如何提升大企业的税收遵从度，大企业的税收风险该如何管理仍然是重要的议题。虽然小企业的实际税率相对较高，但不代表小企业的税收遵从问题就可以忽略，因为从与名义税率的比较看，小企业的平均实际税率是远低于名义税率的，再从其自身的纵向动态比较看，小企业的实际税率呈波动变化，更易受内外部环境的变化影响，也就使对小企业的税收风险管理也要相应地动态调整变化，从而提升小企业的税收遵从度。

3.2.6 不同生命周期阶段企业的税收遵从比较

处于不同生命周期发展阶段的企业税负承受以及税负转嫁的能力是不同的，同时获取资源的能力以及受资源约束程度也是不同的。对此，为了观察不同生命周期企业的税收遵从度是否存有差异，本书参考董晓芳、袁燕（2014）的做法，根据企业年龄将企业生命周期分为三个阶段：分别是初创期（1~6年）、成长期（7~11年）和成熟期（12年及以上）。表3-5报告了2005年、2006年和2007年中国工业企业数据库中不同生命周期阶段企业的实际税率基本情况。

第一，从名义税率和实际税率的比较来看，初创期企业2005年、2006年、2007年实际税率分别为12.09%、18.31%、15.12%，三年的平均实际税率为15.17%。成长期企业2005年、2006年、2007年实际税率分别为19.99%、16.10%、20.57%，三年的平均实际税率为18.89%。成熟期企业2005年、2006年、2007年实际税率分别为19.74%、19.86%、14.86%，三年的平均实际税率为18.15%。由此可以看出，无论是初创期企业、成长期企业还是成熟期企业，无论是企业处在哪一年，实际税率都远远低于33%的名义税率。

第二，从不同生命周期企业在不同年份的纵向数据比较来看，初创期企业的实际税率2005~2006年有一个明显的提高，从12.09%到18.31%，到了2007年又有一个明显的下降，为15.12%。成长期企业的实际税率则是先下降后提高，在2005年实际税率较高达到19.99%，到了2006年，下降到16.10%，而到了2007年，实际税率已经提高到20.57%。成熟期企业的实际税率先略微提高后下降，从2005年的19.74%略微提高到2006年的19.86%，到了2007年下降到14.86%。从纵向比较来看，虽然不同生命周期的企业实际税率都有着自己的变动轨迹，但都起伏波动较大。

第三，从不同生命周期企业的横向比较来看，以企业三年实际税率的平均值为标准,初创期企业三年平均实际税率为 15.17%,成长期企业三年平均实际税率为 18.89%,成熟期企业三年平均实际税率为 18.15%。初创期企业的平均实际税率最低,成长期企业的平均实际税率最高,成熟期企业的平均实际税率略低于成长期企业。初创期企业的实际税率之所以最低,是由于:一方面,从企业自身身来看,新成立的企业在制度建设、财务管理等很多方面本身就存在较多不规范的地方,而又因企业在初创前期需要大量资金和资源投入企业建设中,较高的税负会对企业形成较严重的现金流约束,企业有逃避税的内在动机。另一方面,从税收征管角度看,由于企业是新成立的,还没有引起税务机关的足够关注,很容易成为税务机关稽查的盲区,无形中形成了有利于初创期企业逃避税的外部环境。

表 3-5　　　　不同生命周期阶段企业的税收遵从情况比较

企业生命周期阶段	2005 年 企业实际税率（%）	2006 年 企业实际税率（%）	2007 年 企业实际税率（%）	三年平均 企业实际税率（%）
初创期（1~6 年）	12.09	18.31	15.12	15.17
成长期（7~11 年）	19.99	16.10	20.57	18.89
成熟期（12 年及以上）	19.74	19.86	14.86	18.15

资料来源：根据中国工业企业数据库微观数据整理而得。

3.2.7 不同税收征管强度下企业的税收遵从比较

理论上看,税务机关的稽查概率越高,纳税人的申报收入越高,纳税遵从度就越高（Allingham and Sandmo,1972）。实践中,税务机关的税收征管强度大小是否会影响企业税收遵从度的高低？为了检验不同的税收征管强度下企业税收遵从度是否存在差异,本书借鉴 Lotz 和 Morss（1967）,Mertens（2003）,Xu 等（2011）,曾亚敏、张俊生（2009）,叶康涛、刘行（2011）的做法,利用各地区实际税收收入和预期的税收收入之比来衡量当地税务部门的征管强度。首先利用模型估算各个地区预期的税收收入：

$$T_{it}/GDP_{it} = \beta_0 + \beta_1 IND1_{it}/GDP_{it} + \beta_2 IND2_{it}/GDP_{it} \\ + \beta_3 OPEN_{it}/GDP_{it} + \varepsilon_{it} \quad (3-1)$$

该模型的设立也是考虑到一个地区的预期税收收入与当地的经济发展水平、产业结构、贸易开放程度等相关，其中，T_{it}/GDP_{it}代表各个地区的税收收入与当年国内生产总值的比值；$IND1_{it}/GDP_{it}$代表各个地区第一产业的产值与当年国内生产总值的比值；$IND2_{it}/GDP_{it}$代表各个地区第二产业的产值与当年国内生产总值的比值；$OPEN_{it}/GDP_{it}$代表各个地区进出口总额与当年国内生产总值的比值。接下来，将各个地区的数据代入模型中进行回归，得出估计的系数，算出预期的税收收入，即$\hat{T}_{it}/GDP_{it}$。税收征管强度 TE 等于各地区的实际税收收入与估算的预期税收收入之比，TE = $(\hat{T}_{it}/GDP_{it})/(T_{it}/GDP_{it})$，比值越高代表税收征管强度越大。最后，以年度中位数将税收征管强度划分为较高征管强度（税收征管强度在年度中位数以上）和较低征管强度（税收征管强度在年度中位数以下）。表3-6报告了2005年、2006年和2007年中国工业企业数据库中不同税收征管强度下企业的实际税率基本情况。

第一，从名义税率和实际税率的比较来看，在较高税收征管强度下，2005年、2006年、2007年企业实际税率分别为21.81%、21.10%、17.88%，三年的企业平均实际税率为20.26%；在较低税收征管强度下，2005年、2006年、2007年企业实际税率分别为12.18%、12.46%、18.95%，三年的企业平均实际税率为14.53%，由此可以看出，无论是税收征管强度高与低，也无论是处在哪一年，企业实际税率都低于33%的名义税率。

第二，从不同税收征管强度下企业在不同年份的纵向数据比较来看，在较高税收征管强度下，2005年、2006年、2007年企业实际税率整体有一个不断下降的趋势，即从2005年21.81%下降到2007年的 17.88%；在较低税收征管强度下，2005 年、2006 年、2007 年企业实际税率整体有一个不断上升的趋势，即从 2005 年的 12.18% 提高到 2007 年的 18.95%。

第三，从不同税收征管强度下企业实际税率的比较来看，以企业三年平均实际税率为比较标准，在较高税收征管强度下，企业平均的实际税率为 20.26%；在较低税收征管强度下，企业平均的实际税率为 14.53%。很明显，在较高的税收征管强度下，企业的实际税率也更高，与理论结论是相符的（Allingham and Sandmo，1972）。要提高企业税收遵从度，税收征管力度也要相应加强，但上述纵向动态分析结果表明，在较低的征管强度下，企业的实际税率随着时间推移在不断提高，说明应与其他因素相结合以起到更好提高企业税收遵从度的目的。

表 3-6　不同税收征管强度下企业的税收遵从情况比较

税收征管强度	2005 年 企业实际税率（%）	2006 年 企业实际税率（%）	2007 年 企业实际税率（%）	三年平均 企业实际税率（%）
较高税收征管强度	21.81	21.10	17.88	20.26
较低税收征管强度	12.18	12.46	18.95	14.53

资料来源：根据中国工业企业数据库微观数据整理而得。

3.3　中国企业税收遵从的基本判断

3.3.1　中国企业税收遵从度的整体判断

前述本书以中国工业企业数据库为样本数据来源，利用企业的实际税率作为企业税收遵从度的衡量标准，以 2005 年、2006 年、2007 年近三年的数据进行了经验观察，得出了如下的结论：

第一，从企业所有制类型比较来看，在所有的企业类型中，外资企业（包括港澳台企业和外商投资企业）的实际税率是最低的，国有企业的实际税率也偏低，仅次于外资企业，而可能与预期并不相符，私营企业是实际税率最高的，具有较高的税收遵从度，但恰恰也反映出我国民营企业实际税负沉重的事实。不过，需要指出的是，由于我们是用实际税率表示的税收遵从，这其中既包括合法的税收优惠政策，也包括企业非法的偷逃税成分，我们暂时没有办法将两者明确区分出来。从2008年之前的内外资企业"两税并存"的税收政策可知，税收优惠是影响不同类型企业税收遵从的重要原因之一，虽然说私营企业在企业数目上是最多的，但在税收优惠、税收征管等方面仍然与外资、国企这些存有较大的差别。

第二，从不同地区比较来看，企业税收遵从经验观察的结果基本符合预期，东部地区的企业实际税率最高，中西部地区相对来说较低。部分原因也是因为近年来我国对中西部地区的政策扶持力度比较大，税收方面的优惠力度也比较强。但是我们却观察到这样一个事实，从企业数目看，东部地区的企业数目要远高于中西部地区，这说明尽管中西部地区在税收优惠方面的力度比较大，但是仅仅只有税收优惠还不足以吸引企业的投资，重要的是当地制度环境的改善。刘慧龙、吴联生（2014）也认为良好的制度环境可以替代税收优惠手段来增强对企业的吸引力，地方政府可以通过制度环境的改善来提高本地竞争力，否则只能被迫依靠税收优惠发展经济，然而从长期来看，这样最终会影响本地的财政收入和公共物品的供给。

第三，从不同行业的比较来看，行业的纵向比较发现，多数行业的企业实际税率都是呈现逐年递减或者上下浮动的状态，只有少数几个行业是逐年提高的，这也表明，多数行业的企业税收遵从度是有下降的倾向。从行业的横向比较发现，像烟草有害人体健康的消费品以及石油、印刷等传统的行业普遍企业实际税率比较高，而像通信电子设备正在处于迅速发展的高新技术行业或者农副产品加工业等生活必需品行业等企业实际税率比较低,这实际上也反映出国家在不同行业上的税收优惠差异的结果,政府会制定一些行业性的税收优惠政策以扶持重点行业的发展。

第四,从不同规模企业比较来看,无论是大企业还是小企业,实际税率都低于名义税率。纵向比较分析发现,大企业的实际税率是在不断提高的,税收遵从度在不断提升。小企业实际税率则呈现波动变化,仅就小企业自身的实际税率纵向变化而言,小企业的税收征缴问题也是值得关注的。横向比较分析发现,大企业的实际税率要比小企业的实际税率低。这也是因为大企业和小企业本身在获取资源能力方面存在明显的差异,大公司拥有更多的资源进行税务筹划以及与当地政府建立政治联系,获取如税收等方面的政策优惠。

第五,从不同生命周期阶段的企业比较来看,无论是初创期企业、成长期企业还是成熟期企业,无论是企业处在哪一年,实际税率都低于名义税率。从纵向比较来看,虽然不同生命周期的企业实际税率都有着自身的变动轨迹,但均起伏波动较大。横向比较来看,初创期企业的平均实际税率是最低的,成长期企业的平均实际税率最高,成熟期企业的平均实际税率略低于成长期企业。初创期企业的实际税率之所以最低有着主客观原因:主观来看,新成立的企业在制度建设、财务管理等很多方面本身就存在较多不规范的地方,而且企业在前期还需要大量资金和资源投入企业建设中,面临着严重的资金约束,有逃避税的内在动机;客观来看,由于企业是新成立的,还没有引起税务机关的关注,很容易成为税务机关稽查的盲区。

第六,从不同税收征管强度下企业实际税率比较看,无论是税收征管强度高与低,无论是处在哪一年,企业实际税率都低于名义税率。纵向数据比较来看,在较高税收征管强度下,企业实际税率整体有一个不断下降的趋势;在较低税收征管强度下,企业实际税率整体有一个不断上升的趋势。横向数据比较来看,在较高的税收征管强度下,企业的实际税率也更高,与理论上的结论是一致的,即税务机关的稽查概率越高，纳税人的申报收入也越高，纳税遵从度就越高（Allingham and Sandmo，1972）。因此，要提高企业税收遵从度，税收征管力度也要相应加强，但上述纵向动态分析结果表明，在较低的征管强度下，企业的实际税率随着时间推移也在不断提高，说明还应与其他因素相结合以达到更好促进企业税收遵从度提高的效果。

整体来看，我国企业税收遵从具有以下特征：一是大多数企业的实际税率均小于法定所得税率，说明我国企业整体上税收遵从程度还偏低，仍然存在很大的提升空间；二是多数情况下，企业的实际税率呈现出不断下降的趋势，这表明随着时间的推移，企业税收遵从问题并没有得到较为有效的解决，反而是愈演愈烈；三是企业税收遵从呈现出明显的产权、地区、行业、规模、生命周期阶段以及税收征管强度的异质性，这也提示我们企业税收遵从度的提升需要差异化对待，视具体异质性采取策略性政策。

3.3.2 中国企业税收遵从提高的现实制约

从前述的分析来看，我国企业整体的税收遵从程度还比较低，仍然存在较大的提升空间。那么，制约中国企业税收遵从提高的现实因素到底是什么呢，结合上述的分析判断，本章认为主要体现在税收征管与税收优惠上。

（1）税收征管不力制约了企业税收遵从度的提高。

可以说税收征管力度的强弱直接影响企业纳税遵从度的高低。第一，税务稽查对于纳税人遵从度的提高发挥着重要作用，当前，我国在税务检查的覆盖面以及稽查的准确率上都需要提升。此外，现阶段而言，我国税务稽查人员的业务素质已普遍提高很多，但业务道德上还有待提高，应能做到依法稽查，因此，还应对税务稽查人员的行为逐步规范。第二，对涉税违法违规行为惩处的力度不够，达不到震慑效果，纳税人会心存侥幸。通常，如果违法的收益大于成本，具有追求自身利益最大化内在动机的纳税人自然就会选择逃避税款而不会主动遵从税法，而且，如果惩罚力度过轻，即使税务稽查的覆盖面再大、效率再高，税收流失依然很严重。第三，税收观念整体也比较滞后，对于税收人员来说，或者对于纳税人本人来说，对税收的认识都只是在强调纳税人在税收缴纳的义务上，很少提及纳税人在税收方面享有的权利。而且，对于部分税务人员而言，对纳税人的服务意识还是相当淡漠的，纳税人更多的还是被视为管理的对象，而不是服务对象，这些都会影响纳税人的税收遵从决策。

（2）税收优惠的非规范化制约了企业税收遵从度的提高。

在前述经验观察分析中，我们一直频繁强调税收优惠这个因子。这是因为，我国存在众多的税收优惠，无论是在企业所有制类型中，我国长期存在的内外资企业的"两税政策"，涉外企业一直享有"超国民待遇"，虽然该政策现已取消，但在政策实行期间，却有着广泛的影响；还是在不同区域中，我国也存在广泛的区域性税收优惠，如在经济特区、中西部地区或者是在经济开发区均存在不同程度上的税收优惠；抑或是在不同行业，我国也同样存在一系列的行业性税收优惠，如对于国家重点扶持的农业龙头企业是免征所得税的，而对于通过"双高认证"的高新技术企业，国家鼓励的基础设施建设如公路、港口和机场等以及一些重点生产企业都有相应的税收优惠政策（吴文锋等，2009）。

不可否认的是，税收优惠的确在吸引企业投资、促进区域经济协调发展、引导行业发展等方面发挥着不可替代的作用，但如果税收优惠过多过滥又会造成一定的负面影响：一是不利于企业之间的平等竞争，如果不同企业之间有着巨大的税收优惠差异，势必会弱化那些没有享受税收优惠企业的竞争力；二是巨大的税收优惠空间还有可能会成为地方政府的设租空间，企业为了享受到各种各样的税收优惠，会想方设法与地方政府产生"联系"，严重时还会发生"寻租"问题；

三是过多的税收优惠还会影响地方政府的财政收入,地方政府为了吸引外来企业的投资,不惜以众多的税收优惠作为条件,这样反过来又会影响财政收支。所以税收优惠具有"双刃剑"的效果,关键是如何合理利用之。当前,我国对税收优惠也在不断规范,以期更好地引导税收优惠的积极作用。

基于制度环境视角的
企业税收遵从
行为研究

Chapter 4

第4章 中国制度环境分析

第 4 章　中国制度环境分析

4.1　中国制度环境的一般性与特殊性分析

4.1.1　转型国家制度环境的一般性

在诺斯看来，制度是影响一个国家社会经济发展的基础性因素，同时也决定着这个国家的长期经济绩效。可以说，好的制度安排是一个国家走向繁荣的必要条件。纵观经济发达国家的制度变迁史，无一不是优良制度不断发育成熟的历程。在一个良好的制度体系下，经济发展的质量较高、社会财富不断增长、福利水平不断提高，贫富差距相对缩小等；反之，在一个无效的制度或者较差的制度体系下，经济发展缓慢、政府寻租腐败、法律制度环境较差、贫富差距拉大等。而这些恰是转型国家正在面临的制度困境。

20 世纪 80 年代末 90 年代初，苏联、东欧和东亚很多国家开始踏上了转型之路。对于这些国家来说，转型意味着空前的制度变迁，不仅意味着经济上的转型，还有社会、政治、文化和法律等众多维度上的转型，促使经济、政治、法律制度都发生了深刻的调整和变革。转型国家正在从传统的政府主导型的"全能主义"的国家治理模式向"法治国家、市场经济和民众社会"三元并存与互补的现代国家治理模式演进（胡键，2004）。但遗憾的是，由于历史遗留、转型战略以及政策选择等多方面的原因，转型国家普遍面临着不同程度上的制度危机。

从经济制度看，转型初期的东欧国家大多采取了较为激进的转型方式，大规模地对本国金融、财政、价格等经济制度进行改造。这种激进的方式一方面是对市场化的改革较为彻底，能在短时间内实现经济制度的转型，缩短了改革带来的阵痛期，但是由于这些国家过分崇尚私有化、自由化和市场化，政府急于全面退出经济领域而失去了对市场的把控，市场运行处在"失速"状态，社会运行陷入"混乱"境地，这样，不仅预期的经济繁荣没有到来，反而加重了转型的危机。

从政治制度看，对于转型国家来说，还存在一个典型的问题就是政府治理能力的弱化。虽然转型的核心要义就是由"全能型"的政府治理模式向开放的市场经济体制转变，但过于自由化的市场经济改革却也造成了政府对经济社会发展和体制转型战略的宏观调控能力的极大削弱。而且在转型过程中，在过分自由的市场环境中，不断催化而成的利益集团很容易俘获政府的决策，即形成"政府俘获"，这样，不仅会造成稀缺资源配置的扭曲，还会带来政府行为的异化，导致官员"寻租"腐败盛行。

从法律制度看，制度转型是一个系统性工程，各个制度之间既有区别又相互联系，甚至某一制度的变化都具有牵一发而动全身之效。在这个内部系统中，经济运行的过分自由化和政府权力的弱化也都会反映到法律制度层面上，一方面是体现在法律法规的制定能否完备和公正，这是"法制化"层面；另一方面法律法规体系又有多少能被政府官员有效执行，这是"法治化"层面。而"法制"和"法治"层面的双重失效反过来又会影响到政府的公信力，进一步削弱政府的权力，反反复复陷入一种恶性循环。

除了上述几个方面之外，制度困境还会反映在很多方面，例如，还会反映在社会秩序上，转型过程中不断壮大的利益集团或"精英"阶层与普通大众之间的福利感受或者贫富差距会越来越大。制度安排的失效还会影响到微观主体的"理性预期"上，加剧微观主体的投资和消费波动，反过来进一步加重转型危机。

4.1.2 转轨背景下中国制度环境的特殊性

与多数转型国家一样，中国也面临转型国家的共同困境，但同时又具有自身转轨的特殊性，中国转型是遵循"渐进改革"的逻辑。中国是在保证基本制度和意识形态都稳定的前提下由计划经济向市场经济过渡的（景维民等，2009）。渐进性是理解我国体制转轨的始终逻辑出发点。

从体制变迁上看，一般而言，计划经济向市场经济转型要经历"计划→计划＞市场→市场＞计划→市场"的线性过程。然而，由于经济发展基础的制约以及考虑到与实际经济运行的相适应性，中国的转型轨迹发生了阶段上的划分，即从"计划＞市场"→"市场＞计划"的转轨过程中又另外划分出一个过渡性的阶段（吕炜，2003）。这就将我国的转轨与东欧国家的转型明显区分开来。这样特殊的阶段划分一方面成功避免了转型国家激进式改革方式下经济社会秩序的"混乱"，实现了我国经济社会发展的"软着陆"；另一方面却也逐渐累积了很多矛盾，由于我国渐进式的改革方式，造成了改革的不彻底性，长期积累的问题又会反过来影响改革的成效。在具体的改革实践中，当出现问题时，我们已习惯进行政策上的调整，一方面政策调试对于解决问题会更及时也更有针对性；另一方面，我们也应看到，在当前经济增长步入"新常态"、财政收入开始"慢增长"，体制内部新旧矛盾集中交汇等多重压力下，已经不能再对现有制度进行政策上的小修小补，而是要顺应转轨变化，寻求制度上的创新与突破。

从政府与市场关系看，东欧国家转型过程中过分的自由化和私有化使政府渐渐失去了对经济社会的掌控力，政府权力受到了极大的削弱，出现了"大市场小政府"的局面。而对于我们国家来说，在向市场经济转型中，最突出的特征就是我们有一个强有力的政府能够保持有效的宏观调控从而保证制度转型中经济社会秩序的连续性和稳定性。虽说在一个强有力的政府下我国实现了体制转型的平稳过渡，但与政府强势相对的便是弱势市场，本该政府退出的经济领域政府没有退出，在政府对经济的强势主导和对市场的过分干预下，市场不能有效发挥作用。因而，政府和市场的关系尚未真正摆正是当前我国政府与市场关系中最大的问题，如何限定政府的权力边界，充分释放微观主体活力成为当务之急。在经济活动中，政府与市场是两种主要的资源配置机制，既此消彼长又相辅相成。因此，两者的最佳契合点就是资源配置的最优点。如何妥善处理政府与市场的关系，从而在市场配置与政府调控的结合下达到资源分配的最优化就显得尤为重要。

遵循渐进式的改革逻辑，我国已经完成了初步的转型，逐步实现了具备"有效制度供给的强政府＋公私混合发展的经济体制＋不断分化"、主体多元的社会体制，从计划到市场，从全能政府到有限政府，政治秩序、经济结构、社会治理都已发生了重大变化。尽管如此，我国的制度转型进程尚未结束，而且当前正是我国制度深度转型的关键期，许多攻坚性的制度改革还都在进行中，与高效、规范的成熟市场经济体制还有很长的路要走，"政府—市场—民众"三元主体之间的关系还需要不断地调试与磨合。纵观转型国家的制度变迁史，无一不是政府机构、市场主体、民众社会相互产生作用的发酵史，更是政府与市场强弱博弈的调整史。而与转型国家体制变迁明显的区别就在于我们有一个强有力的政府保证了制度的平稳变迁，但正如科尔奈所给予的忠告，转型国家要警惕三种迷信：一是对政府过度迷信；二是对市场过度迷信；三是对民众社会或协调机制过度迷信。这三种机制各有优缺点，我们不可偏废其一，有效的制度安排一定是政府、市场和民众三种机制的相互协调和互补的过程。

4.2 中国制度环境的历史变迁

前面我们对转型国家的一般性和我国转轨的特殊性进行了简要的分析，并从中抽出了我国"渐进性"转型的这条逻辑主线，遵循这条逻辑主线，新旧体制摩擦可能引起的经济社会冲突得以避免，进而实现了我国经济的"稳着陆"，完成了经济、政治、社会等全方位的

第4章 中国制度环境分析

初步转型,这都充分说明了我国整体制度安排的有效性,但也要看到在经济快速发展的背后也蕴含着很多问题,反映出部分制度的不适应性,是需要不断进行调试和修补的。并且我国幅员辽阔,多方面因素如地理位置、经济基础、资源禀赋、国家政策等会导致我国制度环境可能在不同阶段呈现出不同的特征,而且不同地区的制度环境也会存在较大的差异。所以我们认为在对我国现阶段制度环境特征展开具体分析之前,有必要对我国制度环境的历史变迁进行一个逻辑上的梳理,以期为我国制度的不断变迁提供一些线索。

新中国成立后,我国经历了几次较为重大的制度变迁,第一个阶段为新中国成立后到改革开放前,即1949~1978年,是典型的计划经济时代。在这个阶段,政府是万能的,经济资源是由政府按照平均主义的分配原则计划分配的,而且这一时期政府的主体主要是中央政府,中央政府负责制度的供给,这样对经济管得过严的直接后果便是经济活力受到极大的束缚,市场主体受到极大的压抑,旧的制度安排显然已经不能适应经济的发展,亟须新的变革。1978年,党的十一届三中全会的召开标志着我国正式开始改革开放,同时也意味着我国正从高度集中的计划经济迈向充满活力的市场经济。然而,我国并没有进行激进式的变革,实现改革目标的强制性完成,而是渐进式的改革,有计划地实行。改革开放开始之后我国又经历了几次重要的变迁,每一次的变迁都向社会主义市场经济体制的目标又近了一步。

1978~1992年为第二个阶段,这一阶段我国开始实施有计划的商品经济,这一阶段主要是过渡时期,还处在摸索阶段,计划与市场到底应该是一种什么样的关系,两者的功能定位还在试探中。虽然这一阶段仍然以计划指导为主,但市场的调节作用开始逐步显现,政府不再是一味的全能计划,而是开始适度放权,制度供给的主体也不是只有中央政府,而是由中央政府和地方政府共同承担,共同引导和调节经济社会发展。在改革开放这一制度红利的推动下,我国的制度环境也发生了全面的变化,微观主体经济活力正在逐步释放,但是随着时间的推移，我国这种有计划按步骤的制度供给开始凸显出其对经济社会快速发展的不适应性，制度安排又面临新一轮的变迁。

1992年，中共十四大正式提出我国要建立社会主义市场经济体制。如果说改革开放伊始，政府更像是摸着石头过河，不断进行试验和调整，那么党的十四大则为我国改革提出了明确的目标和方向。1992~2003年进入第三个阶段。这一阶段，市场经济体制改革已然加速，在所有制类型上，从最初的纯公有制到公有制占绝对地位再到以公有制为主体，多种所有制经济共同发展，单一的所有制结构正在被迅速打破。如果说之前政府与市场关系还处在相互试探的阶段，各自的定位尚不清晰。那么在这个阶段，政府的职能已被明确，主要是经济调节和公共服务等方面，逐渐从市场中抽离出来，让市场机制充分发挥作用。值得一提的是，1994年进行的分税制改革在当时具有重大的划时代的意义，为我国的基本税制结构奠定了基础，至今分税制的基本框架也都没有变，仍然对经济社会生活产生着重要影响。

如果我们对前述变迁历史进行概括总结并从中抽出一条逻辑主线，其演进轨迹是"计划→计划>市场→市场>计划→市场"的变迁过程。而今，我国的市场化程度在不断提高，市场环境日趋完善。这些都表明我国已进入"市场>计划→市场"的新阶段。在这一阶段，我们更应该不断完善社会主义市场经济体制以度过改革的攻坚期和矛盾的集中爆发期。2013年党中央召开的十八届三中全会对我国的全面深化改革做出了部署，这也是对我国社会经济深度转型的积极回应。也正是因为我国已经到了改革的"深水区"，制度的安排要覆盖政治、经济、社会、文化等多个范畴，涉及政府与市场、政府与企业、中央与地方等多重利益主体，关系户籍、金融等多维度改革。所以"政府、市场、民众"的三元主体关系是一个不断的重塑过程，同时也是政府职能的不断缩化过程，政府与市场、政府与社会都在不断分离，各自的职能也都逐步清晰。对于政府来说，这一时期更多的是要为市场主体迸发活力，为社会多元和谐发展提供制度保障作用，

第4章 中国制度环境分析

是要强化自身的公共服务职能,完成服务型政府的转型。其实,不管体制怎么变迁,改革的核心始终都绕不开"政府与市场"这一对基本的利益关系,正如党的十八届三中全会中所提出的,处理好政府和市场的关系是经济体制改革的核心问题。所以政府与市场究竟是怎样的关系是理解中国制度环境的关键线索。表4-1便是对我国的制度变迁的总结概述。

表4-1　　　新中国成立以来中国制度变迁一览表

时间变迁	意识形态变迁	产权制度变迁	政府组织形式变迁	政府与市场关系变迁	逻辑线索
1949~1978年	计划经济	单一的公有制经济	中央政府是制度供给的主体	全能主义政府	计划
1978~1992年	有计划的商品经济	公有制经济占绝对地位	中央政府与地方政府共同作为制度供给的主体	全能主义和向市场适度放权相结合	计划>市场
1992~2003年	中国十四大提出建立社会主义市场经济体制	以公有制为主体,多种所有制经济共同发展	中央政府、地方政府和企业形成"三位一体"同作为制度供给的主体	明确政府职能,政府与市场相分离	市场>计划
2003年至今	完善社会主义市场经济体制,全面深化改革	在巩固和发展公有制经济的基础上,积极引导非公有制经济发展	强化中央政府的制度供给功能,创设新的制度激励机制,为地方政府和企业的制度供给提供良好的制度环境	政府与市场、社会相分离,强化政府的公共服务职能	市场

资料来源:根据文献资料整理而得。

4.3 现阶段中国制度环境的特征描述

4.3.1 经济制度环境

从单一的公有制经济到多种所有制经济共同发展再到鼓励和引导非公有制经济，从平均主义分配到按劳分配再到多种收入形式共存，从全能主义政府到全能主义和适度分权相结合再到政府与市场相分离，各自职能规划明确，从市场在资源配置中发挥着辅助性作用到基础性作用再到决定性作用，无不反映出市场化进程正在逐步推进，而政府的经济性功能在逐步退化，而服务性功能正在逐渐加强。因此，对经济制度环境的考察主要也是对我国市场化进程的观察，我们接下来也主要是从市场化进程状况来刻画我国的经济制度环境。

我国市场化进程虽然整体速度在加快，但区域差异明显，不同省份的市场化进程快慢不一，主要原因在于：一方面，我国幅员辽阔，不同地区之间的资源禀赋不一样，这就造成经济发展的基础不一样，市场化程度也会有差异，这是由各个地区的自然地理属性所决定的，属客观原因；另一方面，从政策背景来看，我国的改革开放并不是短时间内就在全国范围内推开的，而是先行试点地区，然后再向其他地区推广开来，是从点到面的，这样一来，势必会造成每个地区所享受的国家政策是不一样的，有些地区可能就会因为政策红利的推动而率先发展起来，如东部沿海地区，与此同时，多种因素综合起来，也会造成部分区域发展缓慢，如中西部地区，相应地，也会出现市场化进程的时间差问题。综合来看，由于地理属性、国家政策等主客观的原因导致我国的经济发展基础有了很大的差异，市场化进度也差异较大。具体地，我们也可以从客观数据上窥探一二。

第4章 中国制度环境分析

（1）市场化进程的测度指标。

由樊纲等人（2011）编制的《市场化指数》是目前对我国市场化测度的比较权威的指标，也是很多国内学者在研究制度环境方面都会用到的测度指标。本章利用该指标对我国的市场化情况进行简要分析。《市场化指数》根据大量的统计和调查资料一共从五个方面采用"主因素分析法"编制而成，这五个方面分别是："政府与市场的关系""非国有经济的发展""产品市场的发育程度""要素市场的发育程度""市场中介组织的发育和法律制度环境"，我们也可以看到这五个方面可以说对我国市场化环境基本上有了一个全面的概括。该指数会对每一方面的表现都会赋值，得分值越高就表明该方面的表现越好。该指数还有一个比较大的优势就是给出了每个省份近年来的得分情况，是一个完整的面板数据集，这就为我们研究不同地区之间的市场化差异提供了方便。接下来我们将重点分析市场化的总得分状况，以此来考察我国总体的市场化水平和区域间的进程情况。

（2）中国市场化进程的总体情况。

图4-1给出了1998~2009年我国市场化进程得分情况，从总体上能看出我国的市场化进程总得分是在不断上升的，由1998年的4.20分上升到2009年的7.57分，提高了近两倍。而且我们也可以

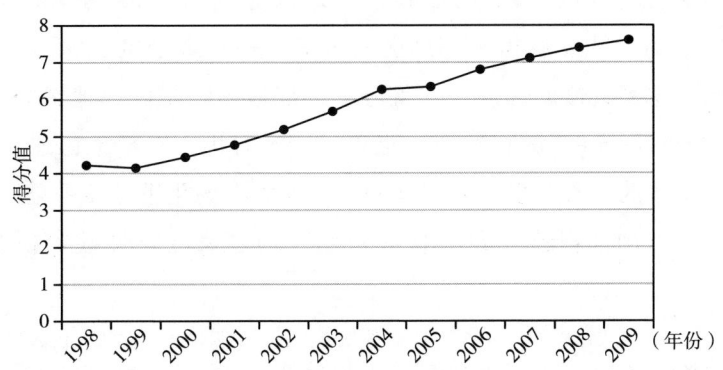

图4-1　1998~2009年中国市场化总进程的变化趋势

资料来源：根据樊纲等人（2011）编制的《市场化指数》中各个省份的市场化总得分算数平均计算而得全国的市场化总得分。

看到,在市场化进程中并不是所有年份都有一个明显提高的,在整个上升的趋势中有两个分界点,分别是1999年和2005年。1999年我国的市场化总得分是4.12分,低于1998年,可能的原因是受1998年亚洲金融危机的影响,为了走出这场危机,免遭剧烈波动,也为了克服市场调节存在的一些盲目性,政府对市场的宏观调控加强,从而导致我国市场化进程放慢,但1999年之后就是迅速的上升期一直到2004年。而到了2005年,即第二个分界点,比2004年只有略微提高,这是改革的阵痛期,属于正常现象,2005年之后出现了第二个上升高峰期。

(3) 中国市场化进程的区域比较。

虽然市场化进程整体来看是在逐步加快的,但各个区域进程情况是怎样的,它们之间的差距大吗?这是我们接下来要回答的两个问题。具体地,我们分东部、中部、西部和东北四大区域[①]进行分析。如图4-2所示,首先,分析各个区域的进程情况,与全国的趋势进程是一样的,总体都在上升,且均在1998年和2005年出现两个明显的分界线,这说明在历史趋势上各个区域都是一样的。但不一样的是区域的比较上,区域内部进程失衡严重。东部地区市场化进程平均得分为7.47分,而中部、西部和东北地区分别为5.53分、4.52分、5.12分,可以明显看出东部地区是市场化进程最快的地区,而西部地区则是进程最慢的区域,在得分上东部地区约是西部地区的两倍,这个我们从图4-2的折线图上也可以清晰看出,东部地区遥遥领先其他几个地区。有意思的是中部和东北地区市场化进程几乎是同时并进的。在"中部崛起"和"振兴东北"的国家战略性政策扶持下,

---

① 根据国家统计局2011年6月13日的划分办法,根据《中共中央、国务院关于促进中部地区崛起的若干意见》《国务院发布关于西部大开发若干政策措施的实施意见》以及党的十六大报告的精神,将我国的经济区域划分为东部、中部、西部和东北四大地区。东部包括:北京、天津、河北、上海、江苏、浙江、福建、山东、广东和海南。中部包括:山西、安徽、江西、河南、湖北和湖南。西部包括:内蒙古、广西、重庆、四川、贵州、云南、西藏、陕西、甘肃、青海、宁夏和新疆。东北包括:辽宁、吉林和黑龙江。

中部和东北地区经济也均取得了较快的发展,市场化水平也在稳步提高。

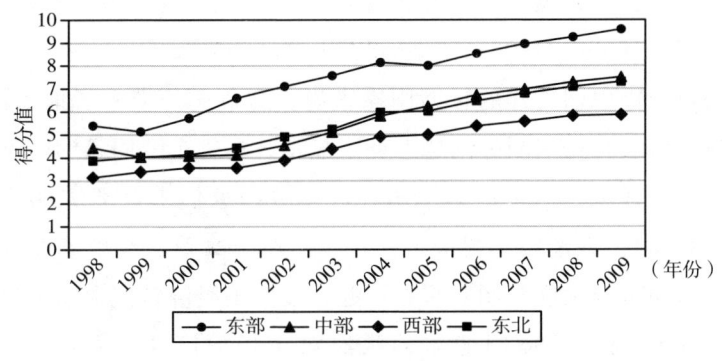

图4-2 市场化总进程的区域比较

资料来源:根据樊纲等人(2011)编制的《市场化指数》中各个省份的市场化总得分算数平均计算而得全国四大区域的市场化总得分。

4.3.2 政治制度环境

(1) 政府治理情况——以官员腐败为例。

一般来说,保持宏观经济稳定、提供基础设施建设、维持法律秩序、规范税收管理等应是政府治理的主要内容(赫尔曼等,2002)。政府治理效率如何可以说是政治制度环境一个重要的衡量标准,而政府的廉洁程度或者说腐败程度又是测度政府治理的重要指标之一。长期以来,腐败都是人类社会发展的痼疾,无论是历史还是现代,发展中国家还是发达国家,都为之深深困扰(过勇,2006)。其实只要存在权利就会存在腐败,国家存在的必要性就决定了由权利带来的腐败也必然存在(王一江,2008)。而究竟什么是腐败?按照Shleifer和Vishny(1993)给出的定义,腐败指的是政府官员为了个人私利而变卖政府财产,其行为主体是政府官员,动机是个人私利,作用对象是公共资产,而作用的媒介是公共权力,隐秘性和非法性是其主要特征。腐败同时也会造成很严重的后果,先从政治上来看,腐败会损害政府形象，削弱政府公信力；从经济上看，腐败会对一个国家经济发展产生负面影响，一方面已经流失掉的公共资产没有办法进入国民经济的生产和分配领域，另一方面腐败还会通过投资成本的增大而抑制外商投资（Mauro，1995；Wei and Shleifer，2000）。

而对于像中国这样的转型国家来说，腐败更是带来了地下经济、税收流失以及行业垄断等问题。调查显示，尽管东欧国家的转型已经取得了长足进步，但善治的承诺在大多数国家仍未全部实现（赫尔曼等，2002）。在经济学视域下，特权会产生腐败。在市场经济体系下，特权通常与政府管制联系在一起，而对于经济转型国家来说，腐败根源于计划经济体制遗留的政府对市场的广泛干预（孙刚等，2005）。而经济转轨对于中国腐败的蔓延也产生了至关重要的影响，尤其是20世纪90年代以来，腐败案件变得更加严重和复杂（过勇，2008）。更重要的是，市场化的推进以及新旧体制的摩擦又会带来新的腐败问题。因此，这就是为什么中国高速增长的经济和迅速推进的市场化进程及日益开放的对外环境带来的不仅仅是人民生活水平的提高和国力的增强，同时还滋生了严重的腐败问题（周黎安等，2009）。

自党的十八大以来，中共开始以空前的力度严厉打击腐败行为，以至于"反腐""拍苍蝇""打老虎"等字眼频繁见诸报端，腐败也不再是大家讳及莫深的字眼。从地方官员到中央官员，涉及的官员职位之高、行业之众多、区域范围之广、贪污数目之巨大，无不令人震惊，同时也充分彰显了中共反腐决心之大，取得了令人瞩目的成效。但是，由于腐败的隐秘性和敏感性，有关腐败的系统性研究或者说学术研究还非常有限，这就使我们全面了解我国官员腐败情况变得更加困难。已有研究发现，我国腐败规模处于上升状态，政府采购、工程承包成为腐败案件高发区，土地腐败案件更加突出（公婷，2012）。当然，这不仅为我们简单了解我国腐败的基本情况提供了线索，同时也打开了我们对我国腐败问题的探索之门。

第4章 中国制度环境分析

（2）官员腐败的测度指标。

由于腐败的非法性和隐秘性，为腐败的准确测量带来了难度，这也是关于腐败的研究为什么还比较少的原因之一。已有文献在测度腐败方面通常有两种方法：

一是主观调查法，即研究人员利用调查问卷的方式获取被调查人员对腐败的看法，以此来了解被调查人员所在国家或地区的腐败情况。例如，世界银行建立的腐败控制指数（corruption control index）等都是被广泛应用的方法。主观调查法虽然在一定程度上可以反映出腐败状况，但其准确性也受到了很大的质疑，主要是因为腐败的敏感性，被调查者的调查结果未必就是其真实想法的反应。

二是案件分析法，案件分析法主要是根据检察机关或者中纪委的一些网站发现和惩处的腐败案件数，包括一些大案和要案，以此来对腐败状况进行判断，例如，《中国检察年鉴》中各个省份人民检察院年度工作报告中公布的腐败案件数或涉案人数，《检察日报》公布报道的一些腐败案例以及中纪委公布的一些文件或中纪委网站公布的腐败案件。相较于主观调查数据，客观数据可以更加真实地刻画一个国家或地区的腐败水平，因此客观案件数据也是国内学者研究腐败问题较多采用的数据。

本书利用《中国检察年鉴》中各个省份人民检察院的年度工作报告公布的贪污、贿赂立案件数来衡量一个地区的官员腐败水平①。但考虑到每个省份的公职人员和人口规模都有很大的差别，如果直接采用每个省的贪污、贿赂立案件数这一原始数据就会带来很大的偏差，故现有文献通常会做一些标准化的处理，如利用立案件数除以当地公职人员或人口规模，或者称"每万名公职人员贪污贿赂立案件数"和"每百万人贪污贿赂立案件数"，这两种衡量方法后续都会

---

① 需要指出的是，由于西藏的数据具有较大的不完整性，我们搜集的腐败面板数据中并没有包含西藏。

用到。

值得一提的是，上述对腐败的衡量指标会面临一些质疑，其中最主要的质疑是认为该指标可能衡量的是一个地区的反腐力度，而非官员腐败程度。面对这种质疑，可以这样理解，各省检察机关是属于中央和地方双重领导的，且以中央垂直领导为主，如果中央在省与省之间的反腐安排上没有出现差异，事实上，现在也尚未有证据表明中央在省与省之间的政策安排或反腐力量上存有差异（吴一平等，2008），那么各省的反腐力度理应是保持高度统一的，在这样的情况下，就很难解释该指标在省与省之间出现的系统性差异。因此，综合来看，该指标作为各省官员腐败程度的度量是合适的。

（3）中国官员腐败的总体概况。

以"每百万人贪污贿赂立案件数"为例，我们从图4-3可以清晰看出，1998~2011年[①]，我国的腐败案件数有一个波动的过程，但整体上是在趋于下降的，从1998年的近30件下降到2011年的27件，而且腐败案件数发生最多的年份是在2000年，高达37件。仔细观察，我们不难发现，1999~2004年是我国腐败高发时间段，平均达33件。我们不禁要问，为什么在这一时间段我国腐败案件如此频发？再来看一下这一时期我国的市场化进程状况，具体情况我们已在我国经济制度环境部分描述过，1999~2004年恰好也是我国市场化进程的快速上升期，而这一过程一直延续到2005年，与腐败案件的高发时间段高度吻合。我们又要产生疑问，为什么市场化进程的加快反而带来了腐败的高发频率，或者说腐败的高发频率并不能阻止市场化的快速推进，或者说这两种看似矛盾的现象是怎么能够相互交织存在的。

---

① 之所以将样本区间数据截至2011年，主要是考虑到党的十八大之后，国家反腐发力，腐败案件以及涉案人数均明显增多，这样由于政策原因导致腐败案件的系统性增加与之前我国的常规性腐败两者的可比性并不大。不过这也侧面说明了我们以立案件数作为腐败的度量是合适的，如果该指标度量的是腐败力度，理应会出现像2012年之后全国性的反腐高度一致状况，但在我们搜集的数据集中并未发现该种情况。

第4章　中国制度环境分析

对于这些问题的回答，结合前面分析我国的制度变迁情况或许我们就能找到答案。从表4-1中我们也可以看出2003年和2004年左右正是我国从"市场＞计划"到市场的一个转轨过渡期，在渐进式的改革方式下，新旧体制的交换必然又带来新的腐败问题。而且，我们也要清楚知道，在市场和法律环境都还不完善的情况下，腐败也并不全是恶性的，有些腐败活动的确造成了很大的社会损害，但也能对社会资源起到一定的配置功能，这种腐败活动被称为有效腐败（孙刚等，2005）。所以这也是为什么在市场化水平不断提高的过程中腐败并没有减弱，腐败本身是有其存在的空间和条件的，我们也需要客观看待这一问题。

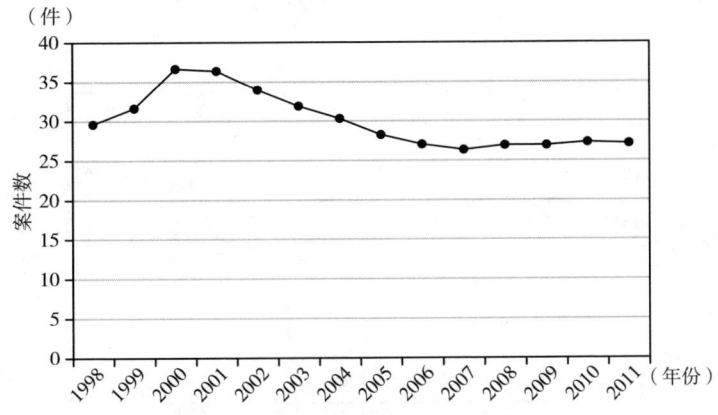

图4-3　1998～2011年中国官员腐败情况变化趋势

资料来源：根据《中国检察年鉴》（1998～2011年）各省份人民检察院的年度工作报告中公布的贪污、贿赂立案件数以及中经网统计数据库中每个省份的年末人口数计算整理而得。

（4）中国官员腐败的地区差异。

除了对腐败总体性特征观察之外，我们还想看看腐败发生的地区差异。接下来主要从不同区域间和不同省份间两个层面来分析腐败的差异变化。

①分不同区域。

分区域来看，东北地区是腐败案件发生率最高的地区，年平均为

43件，远高出全国的年平均30件；其次是中部地区，年平均为30件；而排在中部地区之后的是东部地区，年平均为28.4件；西部地区则是腐败发生率最低的区域，平均为27.9件。而且东北地区的腐败发生案件数约是西部地区的1.5倍，差距明显。其实我们也可以从图4-4不同区域间的腐败案件发生比较图中看出，东北地区要远高出其他三个区域，而且波动幅度较大，近几年来还有上升的趋势；其他三个区域的趋势变化就很接近，还存在一个相互交织的变化过程，我们能明显看出东部地区整体上是有一个下降趋势的，中部地区则是相对较平稳，而且是稳中有降的，西部地区在2007年左右一直都是腐败发生率最低的区域，然而在2007年以后却快速上升，在2010年和2011年甚至一度还超过了东部和中部地区。

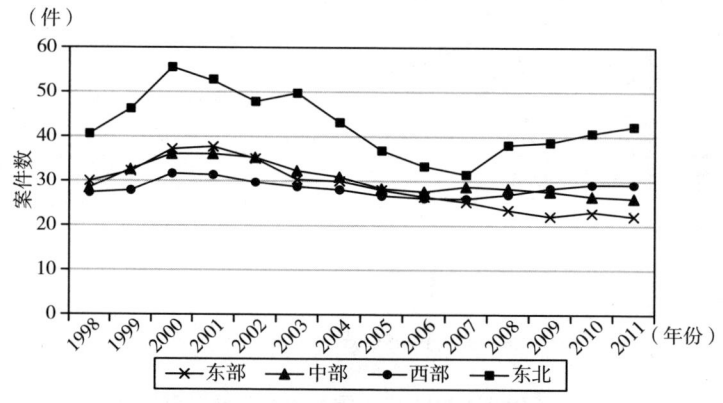

图4-4　不同区域间的官员腐败情况比较

资料来源：根据《中国检察年鉴》（1998～2011年）各省份人民检察院的年度工作报告中公布的贪污、贿赂立案件数以及中经网统计数据库中每个省份的年末人口数计算整理而得。

②分不同省份。

分省份来看，如表4-2所示，从腐败立案的绝对件数①来看，

---

① 在书中的其他部分，我们考察的都是腐败立案的相对件数，但在省与省之间的比较上，我们还想额外考察一下腐败绝对件数和相对件数的对比变化，以此来观察是不是因为每个省的客观省情不同而导致绝对数和相对数出现明显差异。

第4章 中国制度环境分析

青海、宁夏以及海南是立案件数最少的三个省区,而河北、山东和河南是立案件数最多的三个省份。由于河北、山东、河南无论是区域面积还是人口规模都是大省,因此腐败立案件数的绝对数最多是可以理解的。但前面我们也已提到了正是因为存在这样的原因,用绝对数量来刻画显然缺少科学性,故而我们更多的还是要参考腐败的相对案件数,即各个省份的"每百万人贪污贿赂立案件数"。从腐败立案的相对数上来看,广东、甘肃和四川三省立案件数最少,分别为年平均19件、22件和23件;而黑龙江、天津和吉林三省市立案件数最多,分别为年平均43件,44件和47件,立案件数最多的吉林要高出最低的广东近3倍。

其实光从数据本身来看,我们能够得到的信息还非常有限,我们更多的还是要分析数据背后所蕴藏着含义:单从几个区域的腐败发生率比较来看,可以说还都是比较符合我们的直观感受的,东北地区腐败发生率最高与东北老工业基地、市场化建设不完备等均有很大的关系。但是分省份来看,我们会发现一些难以符合预期的现象,虽然东北区域整体来看是腐败案件最多的区域,但从省级层面看,以腐败立案相对件数从多到少排序,吉林是最多的,紧随其后的是天津,福建也是腐败高发区,相对排在较前列,而同样是位于东部区域的广东则是腐败立案件数最少的省份。仅就一个区域来讲出现了如此大的反差,经济发展水平的高低与腐败案件发生数的多少似乎并没有必然的联系。

为什么经济不发达的地区腐败相对较轻,或者说经济发达的地区腐败反而要更严重呢?区域内部又为什么会产生如此大的差异?我们该如何理解这些问题呢,聂辉华认为,经济越发达的地区资源也越有价值,腐败带来的收益可能也会越高,另外,在发达地区如果产权保护水平比较高以及合同履行程度比较好,腐败的空间也会相应比较小。反而在经济发展水平中等偏上的地区,市场化提供了腐败的机会,但相应的约束机制并未完善,导致腐败比较严重,也就是说制度的建设是落后于经济增长速度的。虽然说一些地区经济发展很快，但相应的制度约束机制却还没有建立起来，如将"权力关进制度的牢笼"、加强公众对官员的监督力度等，所以这就是为什么一些经济发展水平还比较高的地区，如天津、福建等省市的腐败程度反而更加严重。

表4-2　　　　　　　不同省份间中国官员的腐败情况

省区市	腐败立案件数（绝对案件数）	腐败绝对案件数排名	省区市	腐败立案件数（相对案件数）	腐败相对案件数排名
青海	158	1	广东	19	1
宁夏	200	2	甘肃	22	2
海南	207	3	四川	23	3
北京	374	4	北京	24	4
上海	432	5	上海	24	5
天津	462	6	安徽	24	6
甘肃	551	7	江苏	25	7
新疆	645	8	湖南	25	8
内蒙古	650	9	海南	25	9
重庆	765	10	广西	26	10
贵州	1054	11	江苏	27	11
福建	1125	12	浙江	27	12
陕西	1161	13	重庆	27	13
云南	1206	14	云南	27	14
广西	1231	15	贵州	29	15
吉林	1267	16	江西	30	16
江西	1280	17	湖北	30	17
山西	1292	18	青海	30	18
浙江	1350	19	河北	31	19
安徽	1445	20	福建	32	20
辽宁	1627	21	山东	32	21
黑龙江	1630	22	陕西	32	22

续表

省区市	腐败立案件数（绝对案件数）	腐败绝对案件数排名	省区市	腐败立案件数（相对案件数）	腐败相对案件数排名
湖南	1636	23	河南	33	23
广东	1704	24	新疆	33	24
湖北	1742	25	宁夏	34	25
四川	1868	26	辽宁	38	26
江苏	1910	27	山西	39	27
河北	2099	28	黑龙江	43	28
山东	2979	29	天津	44	29
河南	3084	30	吉林	47	30

资料来源：根据《中国检察年鉴》(1998~2011年) 各省份人民检察院的年度工作报告中公布的贪污、贿赂立案件数以及中经网统计数据库中每个省份的年末人口数计算整理而得。

4.3.3 法律制度环境

(1) 中国法律制度环境简述。

与经济、政治制度环境在一个国家经济社会发展中的作用不可小觑一样，法律制度环境的作用亦不容忽视。通常来说，法律制度环境包含两个部分：市场中介组织发育和法制环境。作为一个向市场经济体过渡的转轨国家，我国无论是市场中介组织发育还是法制化环境都还存在不完善的地方。当前，我国还缺少高水平的从事资信评估、业务代理等方面的市场中介组织，尚不能适应市场经济发展的要求，主要体现在以下三个方面：一是行业管理组织的行政色彩还比较浓重，导致计划有余、活力不足；二是中介组织的功能存在扭曲情况，如部分中介组织逐步变为强制性的代理机构，实行垄断收费；三是民间协会组织发育滞后，导致各个行业之间的信息或技术传递缺乏有效的途径。同样地，我国的法律法规制度也存在很多问题，主要集中在以下三个方面：

第一,体现在法律法规的制定阶段。在对市场的规范方面还存在一些法律法规的空白,换句话说,我国现行的法律体系还不能覆盖市场行为的方方面面,部分市场规范尚处在无法可依的状况,而对于已经出台的法律法规,仍有部分由于缺少配套的实施细则,导致在执行阶段可操作性不强,效果也大打折扣。

第二,体现在法律法规的执行阶段。这是法律实施效果的重要阶段,即使我们在法律的制定阶段再完善,但是有法不依或者执法不严都会直接影响到法律的执行效果,而且官员在执法的过程中很容易出现"执法俘获"情况,这个时候也更容易滋生寻租腐败。

第三,体现在对法律法规执行的监督阶段。我国当前存在一个比较严重的问题就是民众对官员执法的监督还不够,官员在执法阶段还存在较大的不透明性,因此,如何为民众提供一个良好的监督平台对于规范和制约官员的执法行为将起到非常重要的作用。

(2) 中国法律制度环境的动态变化及区域差异。

前面我们简单概括了我国法律制度环境存在的一些问题,接下来我们利用具体的数据考察一下我国的法律制度环境的动态发展变化以及存在的区域差异。具体地,本书选取《市场化指数》下的"市场中介组织的发育和法律制度环境"来作为衡量指标,该项指标是由"律师、会计师等市场中介组织服务条件""行业协会对企业的帮助程度""对生产者合法权益的保护""三种专利申请受理量/科技人员数""三种专利申请批准/科技人员数"以及"消费者权益保护"等加权计算而得,分数越高代表这个地区的法律制度环境就越好。

从我国法律制度环境的整体变化情况(见图 4-5)可以看出,1998~2009 年,我国总体的法律得分值是在稳步上升的,1998 年是 2.60 分,到了 2009 年,升至 8.17 分,提高了 3 倍多,这也反映了从总体看我国的法律制度环境正在逐步变好。进一步分区域来看,很明显东部地区是法律得分值最高的地区,尤其是 2004 年以来更是取得了飞速的发展,而且东部地区整体的法律得分值也要高出全国的整体水平。其他三大区域,东北地区法律环境相对较好些,在 2005 年之前几乎是和全国水平不相上下的,而 2005 年之后则是低于全国水平,但整体来看还是稳步提高的,西部地区是法律得分值最低的地区,中部地区比西部地区稍高些,但这两大区域均低于全国水平,不过近几年也在快速提升。

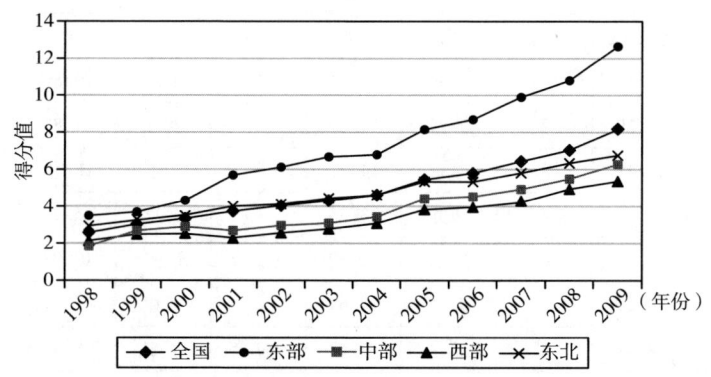

图 4-5 不同区域间的法律制度环境比较

资料来源:根据樊纲等(2011)编制的《市场化指数》中各个省份的"市场中介组织的发育和法律制度环境"得分值算数平均计算而得全国及四大区域的法律制度环境得分值。

除了区域分析以外,本章进一步分析省级层面的差异变化,对此选取 2007~2009 年的法律得分值比较,从表 4-3 中我们也可以看出,近三年来,上海和浙江的法律得分值一直是稳定在前两位的,贵州和青海是排在末位的。除海南排名稍微靠后之外,东部其他几个省份也都是排在前列的,因此,仅从区域内部看,省与省之间的差异并不大,基本处于一种较为稳定的状态。这与前面腐败发生的省级差异有着明显的不同,可以说腐败发生率的高低与经济发展水平并没有必然的关系,而且还会存在腐败高发与快速市场化进程并存的现象。但是法律制度质量不一样,经济发展水平与法律制度环境基本上成正比,即经济发展水平越高的地区法律制度环境也越好,或者也可以反过来说法律制度环境的改善也是有利经济发展的,虽然我们无法辨别出究竟哪个是因哪个是果,但我们可以肯定的是这必定是一个相互促进的过程，良好的法律制度环境包括法律制定、法律执行和执行监督的规范和完善对于微观主体的行为规范有着重要的影响，也是我国经济良性发展的必要制度保障。

表4-3 2007~2009年近三年的法律制度环境分省比较

2007年			2008年			2009年		
省区市	得分值	排序	省区市	得分值	排序	省区市	得分值	排序
上海	16.89	1	上海	17.14	1	上海	19.89	1
浙江	14.20	2	浙江	16.25	2	浙江	19.85	2
北京	12.19	3	北京	14.23	3	江苏	18.72	3
广东	12.09	4	江苏	13.56	4	北京	16.27	4
江苏	11.33	5	广东	12.39	5	广东	13.99	5
天津	9.59	6	天津	10.67	6	天津	11.57	6
辽宁	7.04	7	辽宁	7.47	7	辽宁	8.46	7
福建	6.89	8	山东	7.42	8	福建	8.30	8
山东	6.68	9	福建	7.21	9	山东	8.18	9
安徽	5.75	10	湖北	6.42	10	重庆	7.60	10
四川	5.66	11	四川	6.38	11	四川	7.39	11
湖北	5.65	12	安徽	6.30	12	安徽	7.32	12
重庆	5.56	13	重庆	6.11	13	湖北	7.15	13
黑龙江	5.28	14	黑龙江	5.81	14	河南	6.07	14
河北	5.15	15	吉林	5.69	15	湖南	6.02	15
吉林	5.14	16	陕西	5.63	16	吉林	6.00	16
陕西	4.93	17	河北	5.55	17	黑龙江	5.96	17
河南	4.82	18	河南	5.50	18	江西	5.90	18
山西	4.70	19	山西	5.23	19	陕西	5.88	19
江西	4.58	20	江西	5.12	20	河北	5.60	20
新疆	4.54	21	新疆	5.01	21	山西	5.55	21
云南	4.51	22	云南	4.99	22	云南	5.44	22
内蒙古	4.43	23	内蒙古	4.86	23	内蒙古	5.32	23

续表

2007 年			2008 年			2009 年		
省区市	得分值	排序	省区市	得分值	排序	省区市	得分值	排序
广西	4.08	24	湖南	4.70	24	海南	5.25	24
湖南	3.97	25	广西	4.61	25	新疆	4.98	25
海南	3.78	26	宁夏	4.57	26	广西	4.88	26
宁夏	3.73	27	贵州	4.27	27	甘肃	4.86	27
甘肃	3.66	28	甘肃	3.99	28	宁夏	4.66	28
贵州	3.57	29	海南	3.91	29	贵州	4.47	29
青海	2.77	30	青海	3.54	30	青海	3.51	30

资料来源：根据樊纲等（2011）编制的《市场化指数》中各个省份的"市场中介组织的发育和法律制度环境"得分值计算整理而得。

基于制度环境视角的
企业税收遵从
行为研究

Chapter 5

第5章 制度环境之于企业税收遵从的作用研究

5.1 经济制度与企业税收遵从

5.1.1 税制设计与企业税收遵从

毋庸置疑，税收对企业的成长或发展会产生非常重要的影响，税负的高低将直接影响到企业的利润或绩效。相应地，税制设计如何、公平与效率怎样，也会对企业的纳税行为产生重要影响，而这一影响很可能会通过以下几个方面产生作用。

（1）税率高低对企业纳税行为的影响。

直观上我们可能会认为税率越低即税负越轻对企业的发展就会越好。事实上，过高或过低的税率都会对企业的发展产生不利影响。若税率过高，企业税收负担就会比较重，繁重的税负会直接影响企业的利润，进而导致企业投资和长期发展受限。这些负面作用不仅会影响企业的纳税遵从度，也会影响政府的财政收入，最终还是会传导到宏观经济层面上。然而，过低的税率亦不利于企业发展，可能与我们预想的不一样，即税率越低，纳税人税负越轻就越好。这就需要从税收的属性来探讨，税收"取之于民"，但也"用之于民"。政府需要通过筹集税收的方式来供给公共物品以及提供公共服务，如基础设施建设、民生服务建设等都需要政府开支，而这恰好也是一个企业成长和发展必不可少的外部环境。如若税率过低，政府的税收收入就会下降，政府财政支出可能就会不足，这又会直接削弱政府的公共建设能力，从长期来看，最终也是会反映到企业的外部经营环境上来的，继而对企业发展产生不利影响。

（2）税收政策对企业纳税行为的影响。

一项税收政策的出台及其内在的稳定性如何也会对企业产生重要影响。例如，2008年实行的企业所得税改革，取消了外资企业享有的"超国民待遇",将内外资企业的所得税法定税率统一起来,这项政策的出台不仅会对内资企业的竞争力产生影响,还会直接影响到外资企业的纳税行为,有研究发现,2008 年的企业所得税改革之后,外资企业的实际所得税率也相应提高。再如"营改增"改革,于2012 年开始启动,从先行试点到全面铺开,对企业来说无疑是重大利好的政策,企业税负大大降低,实际负担得以切实减轻。此外,税收政策的连续性及稳定性如何也会对企业纳税行为产生重要影响,如果政策出台的波动性非常大,或者更极端来说出现朝令夕改的情况,这都会大大降低企业的稳定性预期,使企业感到无所适从,从而影响企业的纳税遵从度。

(3) 征税环境对企业纳税行为的影响。

除了税率高低和税收政策影响之外,征税环境如何也会对企业成长或发展产生重要影响。这是因为,外部的征税环境或者从更宏观来说一个地区大的制度环境如何可能对企业的纳税行为会形成长期性的影响,或者说根本性的影响。公平、公正以及透明高效的税收征管将会为企业搭建一个良好的税收环境,降低企业的纳税遵从成本,改善其纳税行为,从而提高税收遵从度。

5.1.2 产权安排与企业税收遵从

从法律定义上看,产权也就是财产所有权,即财产所有人依法享有的对自己财产的占有、使用、收益和处分权。从经济学意义上看,产权制度是指制约政府和特权阶层掠夺交易者财富的相关制度(North,1981;Acemoglu et al.,2005),所以产权制度在本质上是要限制政府和特权阶层对企业财富的掠夺和侵占。现已有多项研究发现,如 North 和 Thomas(1973)、Acemoglu 等(2005)均认为产权制度对一国的经济增长、企业投资等方面都有着重要的影响。其实,产权制度不仅仅体现在上述影响上,还体现在对企业的纳税行为上。

(1)产权保护水平较高下企业的纳税行为。

对于产权本身来说,也有企业拥有绝大多数财产的完全产权和企业没有拥有绝大多数财产的不完全产权之分(姚涛,2008)。当企业拥有完全产权时,企业对自己资产的占有、使用、收益和处分都会受到充分的保护,不受任何政府和特权阶层的侵犯,政府行为包括征税还是收费都要经过民主程序由法律来决定,除此以外,政府不得以任何的名义来收取税费。当然这也只是较为严格的假定,在现实世界中,只要政府还兼具"政治人"和"经济人"的双重属性,企业的完全产权性就很难得到满足,我们很难找到一种企业能够拥有绝对产权的情况,但有些国家是比较接近这样的产权安排的,如西方一些发达的市场经济国家。在这些国家中,纳税人的民主意识是很强烈的,即纳税人为政府提供所必需的公共开支,政府同时也要为纳税人提供必要的公共服务,在双方的征纳关系中,纳税人是居第一位的,而政府则是位居第二,在这样的情况下,纳税人会感觉政府提供的公共服务是有益于民众的,自身的财产得到了充分的保护,自身的诉求也都能得到积极的回应。因此,纳税企业就会认为让渡自己的部分财产作为政府开支是值得的,从而就会自觉遵从税法,即按时足额缴纳税款。

(2)产权保护水平较低下企业的纳税行为。

反过来说,当企业没办法拥有绝大多数产权时,即企业对自己资产的占有、使用、收益和处分都无法得到充分的保障,政府和特权阶层拥有较大的权利,政府的大多数行为不是代表广大民众的利益,而是代表自身或者说代表既定利益集团的私利。当然,这也是一种较为极端的情况,反映了一种较差的产权制度安排,这种情况通常在一些发展中国家或者尚不发达的市场经济转型国家比较常见,企业只拥有一定的产权,自身的财产很容易受到侵犯,对自身财产没有安全感。在这种情况下,政府行为通常表现在:一是政府日常开支的过度膨胀;二是政府对税费的无序开征,主要是有些非税项目的开征并不是根据法定程序，很多都是根据政府的行政性法规来制定的，尤其是费的征收，一些强加的费用并没有存在的法理性，导致了非税收入的大规模膨胀，但也不排除可能是政府为了满足自身日益增多的开支才会向纳税人施加更高的税费。这样，当纳税企业感到税费负担过重、自身合法权益未能得到有效保护时，纳税企业让渡自己部分财产的意愿就会下降，甚至还会通过各种手段逃避税收，关键还在于纳税企业已经不觉得纳税是自己应尽的义务，在纳税企业看来逃避税是其对所处制度环境的一种适应性抉择。

5.2 政治制度与企业税收遵从

在我国过去的改革中，一个极其显著的特征就是各级地方政府深度参与了经济与社会发展的全过程，地方政府的重要作用不仅仅体现在地方公共物品的供给上，还体现在承担着发展地区经济、维护社会稳定等多项职责上（陈德球，2012）。因此，该如何客观地看待地方政府的治理状况或者说如何理解地方政府的行为是我们分析企业纳税行为的重要线索。

5.2.1 "援助之手"还是"攫取之手"——财政分权视角

我们都知道地方政府对当地经济发展起着重要作用，那么，到底政府是会保护私有产权、促进社会生产，还是利用手中的公共权利对私有产权进行侵犯，从而恶化社会生产，即政府到底是"援助之手"还是"攫取之手"（陈抗等，2002）。已有的共识是认为在俄国、乌克兰等东欧转型国家普遍存在政府的"攫取之手"。但在我国，地方政府却存在一个从"援助之手"向"攫取之手"的转化（陈抗等，2002）。为什么会存在一个这样的变化过程，与我国的财税体制变革是分不开的。1994年分税制改革之前，我国实行的是财政包干制，在上缴中央一定的税收比例外，其他则由地方政府自由支配，这样，地方政府便有了追逐"剩余收益"权的动机所在，所以地方政府也有了很强的激励去发展本地经济从而伸出"援助之手"，做大税收。但是，这样做的后果便是两个比重，即财政收入占GDP的比重和中央财政收入占整个财政收入的比重，都出现了严重下滑，中央财政呈现出财力不足的状况。而分税制的运行彻底打破了这种格局，不仅是财政收入占整个GDP的比重在不断增大，中央财政收入占整个财政收入的份额也在不断提升。

事实上，近年来很多的改革措施都带有明显财力向上集中的色彩，包括"营改增"改革，但是事权却没有得到相应的调整，导致地方财力与事权错配的情况越来越严重。同时，地方政府的债务规模却在不断膨胀，地方债问题越来越棘手，而且财政资源也迅速从预算内收入向预算外收入转移，或者说财政收入的倚重由税收开始向税费转移，导致非税收入的无序膨胀，相应的是企业的税费负担也在不断加重。一方面是因为企业可能感觉本身其私有财产就受到了威胁，另一方面企业也会感觉自己缴纳的税收并没有被用到有益于纳税人的公共服务上，这样，企业就会想方设法逃避税收，纳税遵从度就会降低。

5.2.2 官员晋升激励与企业税收遵从——政治集权视角

上述我们是从财政分权角度来探讨地方政府行为，在我国，仅从财政分权分析还不足，还需置于政治的框架下考虑。这也是我国区别于发达国家甚至于一些转型国家的特殊之所在，尽管中央向地方政府下放了财政上的分权，但却始终掌握着对地方政府官员的人事罢免权。所以经济上的分权和政治上的集权就构成了我们理解地方政府行为的完整线索。

中央政府一方面为了激活地方政府发展经济的积极性，下放了部分经济权利；另一方面，又形成了以 GDP 为核心的考核机制来作为官员晋升的考量指标。而这种"晋升锦标赛"实施的基本前提是上级政府直至中央政府来实施行政和人事上的集权，同时又将那些具有强烈升迁欲望的官员置于强激励之下，所以"晋升锦标赛"可以认为是一种兼容了行政权集中和强激励的官员治理模式（周黎安，2007）。在这样的制度安排下，或者说在以经济指标为主的绩效考核同时与同级政府相互竞赛的政治晋升的双重激励下，一方面，各地政府致力于本地经济建设，我国经济曾经一度长期保持高速增长，取得了经济增长奇迹；另一方面，由于官员在某一地区存在任期的时间限制，导致了很多地方政府在任期内重视短期的经济利益而不去关注当地的长远发展，造成了一系列的负面影响，我们可以称其为扭曲的增长，而这种累积的负面效应还会伴随着经济的进一步发展而越加放大，"晋升锦标赛"本身已经构成了经济社转型的制度性束缚之一。

而这种为增长而竞争的政治晋升模式也会影响到企业的纳税行为上，一方面，地方政府官员为了争取更好的竞赛位次从而获得上级政府的提拔会为企业提供良好的投资环境，同时还会为了吸引外资或者外地企业的流入，给予前来投资的企业不同程度上的税收优惠，导致部分企业实际上的税率要比法定的税率低得多；另一方面，我们也一直在强调政府不仅具有"政治人"的一面，同时还有"经济人"的一面，政府积极发展当地经济的同时还有满足私人收益的需求，严重时可能还会私自收费，抑或是向企业索贿，最终导致贪污腐败盛行（陈德球，2012）。正如我们在前面分析的那样，当企业私有收益未能得到有效保护时，企业的纳税遵从意愿自然也会下降。总之，不论是税收优惠带来的客观上的企业税收缴纳的减少，还是企业主观上的逃避税所引致的税收缴纳量的下降，最后的结果都是政府税收收入的部分流失。

5.2.3 "政企关联"——地方政府与辖区企业的双重视角

上述我们是从地方政府行为的角度研究其对企业纳税行为的影响，分析认为地方政府的不规范行为的确会带来企业的纳税遵从度下降，但是，在这个过程中，企业处于怎样的位置，又该做出怎样的反应。企业不仅要承受外在环境的压力，同时还会对自己所处环境做出适应性反映，即企业也会主动寻求降低自身实际税负的方法或手段。例如，纳税企业可以通过建立政治关系或者寻租方式与政府官员形成"政企关联"，不仅可以实现自身的利益诉求，同时又能帮助地方政府实现部分的政府目标，如经济增长以及扩大就业等。可以说，"政企关联"完美契合了地方政府官员追求政治晋升和经济利益最大化的需求以及辖区企业追求利润最大化的需求。

"政企关联"同样也会反映到企业的纳税行为上。对于纳税企业来说，通常会有以下两种纳税策略：一种是如实申报所得；另一种则是低报实际所得。当然从企业利润最大化的目标追求上来看，企业是有逃避税的主观动机的，但企业能否逃避税成功则在很大程度上还要依赖于外在的征税环境，取决于被发现的概率，即被税务机关稽查到的可能性。被稽查到的概率越高，企业成功逃避税的可能性就越低。如果企业逃税成功，带来的则是税收收入的流失，但是一旦被发现，企业能否进一步逃避税成功则要取决于征税人员的态度。当企业为了成功逃避税而向税务人员寻租时，如果面对的是廉洁的征税人员，企业只能如实缴纳逃税额和罚款，税收收入损失也得以挽回；相反，如果征税人员具有腐败的倾向或松动税收征管的可能性，那么征税人员向企业抽取一定的租金，而纳税企业逃避一定的税款，最终结果便是税收收入的流失。

由此来看，税务人员的执法是否发生异变是一个很关键的环节，不仅会直接影响到企业的逃避税成功率，同时还会间接削弱税务稽查对企业逃税的正面抑制作用。进一步来看，税务人员是否会发生执法异变又会取决于当地的制度质量，是制度环境的产物，在一个腐败程度很高、制度环境比较差的地区，地方税收执法官员与企业发生"寻租"交易就会越普遍，税收执法异变的可能性就会越高，即：较差的制度环境是滋生税收执法权利变异的重要条件，而税收执法权利的异变导致了企业逃税更加普遍，国家的税收流失也更严重。图5-1便是我们对纳税企业与征税人员"关联"的逻辑示意图。

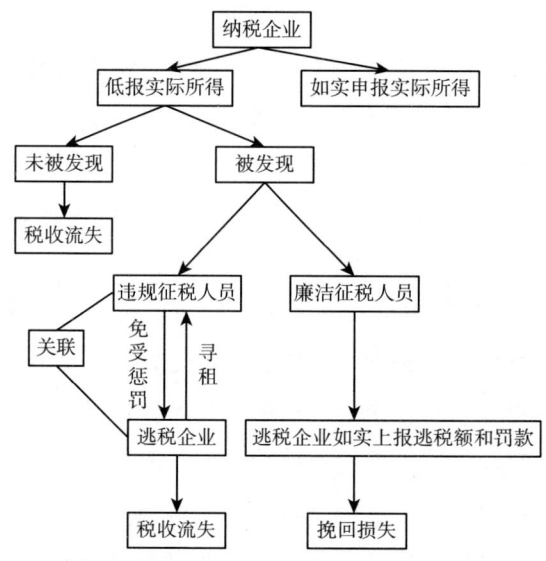

图 5-1 纳税企业与征税人员的"关联"逻辑关系

5.3 法律制度与企业税收遵从

5.3.1 从"人治"到"法治"

从概念和内涵上来看，简言之，"人治"是指统治者利用自己的权力来治理国家，体现的是少数人的意志，而"法治"则是指统治者利用法律法规来治理国家，这意味着公民应当遵守法律，按照法律法规来规范自己的行为,而政府的行为也必须有法律的依据,必须有法律的授权(姚涛,2008)。我国曾历了几千年的封建专制统治,新中国成立后直到改革开放前,我国仍是高度集中的计划经济体制。可以说,在几千年的传统儒家思想熏陶下,"人治"或者说"德治"长期都占据了意识形态的主导地位。而在以"人治"为主的社会里,"人情"是一个很关键的变量,它通常以一种"潜规则"的方式支配着或者说会干扰官员的行为,导致官员在对事情的处理上不是按照应有的规则来行事,而是根据"关系"来办事。

官员的这种"人治"模式,一方面是会导致资源的错置,这是因为当要依靠"人情"或"关系"才能办成事情时,人们会将更多的人力物力和财力投放到对"关系"的打通上,而不是在对自身能力的提升上,在资源稀缺的情况下,稀缺资源的支配权最终不是落在最有"能力"的人身上,反而是那些最有"关系"的人身上;另一方面,我们也不能一味否定"人治",因为几千年的历史根基也说明有其存在的土壤和必要性,在人们的日常生活中也形成了一种稳定的社会关系网络,而这种非正式的社会关系网络在正式规则缺失的情况下起着非常重要的补充作用(范立新,2003)。

我们看到,"人治"是有其存在的历史基础和现实条件,同时,这也正是我国从"人治"走向"法治"的主要障碍,但这样一种长期被固化了的意识形态已经对人们的行为形成了一种禁锢和束缚,重要的还不是在政府官员对法治的轻视上,而是公民自身由于淡漠的法律意识,不懂得利用法律武器维护自己的权益。所以从"人治"到"法治"的转变不仅仅是要实现政府官员行为的转变,怎么从一个权力型政府向一个法治型政府转变,同时还要依赖公民意识的转变,不仅要知法守法还要懂法用法。以此来看,我国的法治化道路还有很长的路要走,而且还有很多的障碍需要逾越,但不管怎么说"法治"都是一个大的趋势,我国也是不断在向"法治中国""税收法治"的方向努力。

5.3.2 "税收法制"还是"税收法治"

什么是"税收法治",简单来说,"税收法治"即法治在税收领域的体现,具体是指依据税收法定主义原则,经过税收立法、税收执法以及执法监督等程序的创立,使征纳主体的税收行为纳入现代化的轨道上。税收法定主义原则指的是国家征税和纳税人缴税必须在法律的规定下进行,国家不能在"无法"的情况下征税,个人也不能在"无法"的情况下被要求纳税,只有在法律的授权下,税收立法和执法才可进行(刘磊,1999)。2013年党中央召开的十八届三中全会也明确指出要实行税收法定原则。事实上,我国也已经开始践行税收法定主义原则,如在房地产税的征收上,2015年8月第十二届全国人大常委会立法规划发布,其中,房地产税法正式进入立法规划。从一开始房地产税以国家条例的形式试行到最终步入了立法程序,是我国税收法治的一大进步。可以说,房地产税的制定是我国税制改革的一个缩影,这也意味着税收法定将是未来大的趋势。

然而,仅仅依据税收法定主义原则是远远不够的,"税收法治"无论是从内涵还是外延来看都要丰富得多,从税收法定到真正实现税收法治还有很长的一段距离,但税收法治必须是以税收法定为基础和前提的,税收法定是税收法治实现的必要历经阶段。这里,我们还有必要讲一下"税收法制","税收法制"也是我们在学术文献或政策文件中经常提及的,虽然与"税收法治"仅有一字之差,但两者却存在实质上的差别,"税收法治"绝不等于"税收法制"。

第一,从内涵上看,"税收法治"的内涵显然要更丰富。"法制"主要统称"法律制度",主要反映在立法的程序上,更多的是一种静态的状态。而"法治"不仅仅包含法律制度的"法"更强调在"治"上,是一个包括税收立法、执法以及监督等一系列法治化运行的动态过程,强调的是对税收征纳的能动性治理。

第二,从与"人治"的关系来看,前面我们已经分析过两者具有对立的关系。"法治"强调的是税务人员对税收的征收要有法有据,不能是随意开征。而"人治"与"法制"就没有这么强烈的对立感,可以有依据"法制"的"人治",也可以有反对"法治"的"法制"。

第三,从实施效果上来看,一项法律法规或政策条例最后的实施效果如何不是由其自身制定的完备性所决定的,最关键的还要看能有多少被有效执行。当然,这并不是说法律的制定不重要,作为法治化的基础性工作,其重要性不言而喻。但是从我国的实际情况来看,我国也不乏较为完备的政策条例,然而却在执行环节出现诸多问题,导致最终的执行效果不甚理想。正是因为执法出现了异变,使法律法规形同虚设,最后的实践结果反而是少数利益集团的意志体现。

因此,"法治"是我们的最终目标,是"法制"的更高级阶段,这也就是为什么说"法制"化易得,而"法治"化难行的原因所在,"法治"对于相关制度的规范和完善都有着更高的要求。虽然说"税收法治"不等于"税收法制",但完善的法规体系是"法治"的基础。有完备的"法制"不一定实现"法治",但没有法律法规就根本谈不上法治(张斌、樊丽明,2002)。所以正确看待两者的关系,有益于对当前我国的税收政策或者税制改革的把握。

5.3.3 税收法治与企业税收遵从

无偿性、固定性和强制性是税收三大基本属性。税收的"无偿性"决定了其与纳税人财产的私有性从根本上就构成了对立统一关系。具体地,税收的无偿性在某种程度上否定了个人和企业的私有财产权,意味着他们必须让渡出部分的私有财产。然而,从税收使用的公共性来看,这又是对个人和企业私人财产权的肯定,因为税收会提供私人和企业所必需的公共产品和服务,个人和企业财产权的保护最终也需要靠税收来做后盾。这样来看，税收和私人产权似乎是互利的关系，但从纳税人的角度来看，这种互利却是不对称的，税收对财产权的否定带来的"痛苦"与税收对财产权的肯定带来的"快乐"是不对称的，"痛苦"显然要远大于"快乐"。因为，无论是从个人追求效用最大化还是企业追求利润最大化考虑，"理性经济人"的假设决定了纳税主体从一开始对税收就是排斥的，这就是为什么纳税不遵从问题始终都是一种痼疾。因此，税收法治就成了防范这种公共风险必不可少的手段，也是解决征纳主体矛盾的有力武器，不仅是征税人行使征税权利的法律依据，也是纳税人履行纳税义务的法律保障（刘尚希，2014；朱晓波，2014）。

　　纵观世界各国，发达市场经济国家无一例外也都是法治完善的国家，同样也是税收法治完善的国家（范立新，2003）。市场经济也是法治经济，不仅是要规范市场主体的行为，同样还要约束政府的行为，尤其是政府的征税行为，这是因为，对于市场主体来说，尤其是纳税企业，税收意味着对自己财产一部分的无偿让渡，如果征收不能被法定，具有很大的随意性，那么企业就会对税收的缴纳难以预期，企业不知道未来的税收是增加还是减少，这样就势必对企业以后投资和产出都会造成很大的不确定性。

　　从种种分析来看，税收法治的重要性已是不言而喻，而党的十八届三中全会更是首次将财政定义为"国家治理的基础和重要支柱"，第一次从"国家治理"的高度定义财政也充分彰显了财税领域改革的突出地位。从财税的定位来看，税收法治已经不仅仅局限于对征纳主体行为的规范，更是有着深层的含义，是我国提升国家治理能力，建立法治中国的重要组成部分。然而，根据我国税收法治的运行现状，还存有一些问题，主要集中体现在税收的立法和执法上。

　　从税收的立法看，一是税收的立法级次较低，我国现行的18个税种中，只有个税、企业所得税和车船税3个税种是通过人大立法征收的，包括增值税、消费税等重要税种在内的大多数税种都是由全国

第 5 章　制度环境之于企业税收遵从的作用研究

人大及常委会授权国务院制定，以暂行条例形式征收的，结果便是税收的法律级次低，行政法规多，在具体的执行过程中不得不依靠内部的红头文件，税收应有的权威性和严肃性受到很大的破坏；另外，还存在部分税法的制定过于概括或笼统问题，缺乏实际的可操作性，法律述及的内容与客观现实可能存在一定程度的脱节，致使纳税人的行为可能会存在无法可依的情况，大大地影响税法的实际效力。

从税收的执法看，可以说税收法治的关键就在于能否依法征税。诚然，税收立法中出现的问题给税收执法带来了困难，如税收违法行为的认定和处罚也造成了税法执行中自由裁量权的泛滥。其实，自由裁量权是税收机关的一项重要权力，是在税法不完善情况下对税务执行的一种补充，同时也是提高执法效率的需要，有其存在的合理性（韩灵丽，2006）。但是，从目前来看，我国税务自由裁量权还较大，且对其的约束力不足，导致了税收机关成为税收征纳主体中的强势一方，起着决定性作用。在税收领域，自由裁量权滥用的一个直观体现就是税务机关的有法不依、执法不依或税务腐败问题。这些势必都会对企业纳税行为造成不同程度的影响。因此，企业纳税行为的改善，税收遵从度的提高，一是要靠税收立法程序的完善；二是要靠税法的严格执行。根本上就是要"限制公共权力，保障公民权力"，这也是法治的核心要义。

基于制度环境视角的
企业税收遵从
行为研究

Chapter 6

第6章　经济制度：产权保护水平影响企业税收遵从的实证分析

第6章 经济制度：产权保护水平影响企业税收遵从的实证分析

6.1 问题的提出

对企业来说，其纳税不遵从决策既有自身追求利润最大化的内在动因，也受税收负担、税务监管等外在因素影响。其中，税负对企业纳税遵从行为有着较为直观的影响，这也是我们在前面一直不断强调的。一般而言，企业认为自身的负担越重，其税收痛苦指数就越高，发生纳税不遵从的概率也就越高。这是因为，追求利润最大化的企业本身就具有纳税不遵从的内在动机，只有当企业切实感受到自己的私有产权能够得到政府的有效保护，而不是被非法侵占时，企业的生产和投资才能形成稳定的预期，企业才会愿意让渡自己部分私有收益作为税收的一部分，否则，当企业的私有产权无法得到政府的有效保护时，企业的投资和发展都会受到限制，企业便不会自愿去让渡自己的私人收益，纳税遵从度就会下降。由此可见，政府对企业产权保护水平如何会直接关系到企业纳税遵从度的高低。

而具化到现实环境中，政府对企业的产权保护水平可以体现在税收项目的多少及规范上，也可以体现在非税项目的多少及规范上，因为，税和费都是政府和企业产生关系的重要纽带。然而，已有研究多是关注税率大小对税收遵从的影响，鲜有文献将纳税人的非税负担考虑进去。我们认为非税负担也是企业纳税行为发生变化的重要力量。这是因为，从政府收入划分的角度来看有税收收入和非税收入之分，而对于企业来说，两者均构成了其实际负担，而且非税负担越重，意味着政府对企业的产权保护水平就越低，或者说对企业产权的掠夺程度就越大。据调查显示，中小企业上缴的税外费用约是税收的1.5倍，有些税费负担能占到销售收入的5%~8%[①]。事实上，近年来以

---

① 见《中国经济时报》"中小企业减负缘何减而不轻——访民建中央常委、民建中央企业委员会主任刘汉元"一文，2013年9月25日第012版。

窄口径计算的我国宏观税负并不高,不断膨胀的非税收入才是导致企业沉重负担的深层次原因[①]。与其说企业感受的是"税负"过高,不如说是"费负"过高。因此,我们需要全面考虑税率、非税负担对企业纳税遵从的综合影响。只有这样,才能找到企业纳税不遵从的症结所在,有针对性地提出政策建议。如果忽略非税因素的作用,政府只是减税没有减费,不仅起不到真正减负的目的,反而会抵消减税的成效。因此,本章更多的是从政府对企业施加的非税负担角度来探讨产权保护水平高低对企业纳税遵从的影响。

本章利用报告利润和推算利润的趋近程度进行企业纳税遵从度的刻画,基于中国工业企业微观数据和省级宏观数据实证考察了税率、非税负担与企业纳税遵从三者的关系。我们发现,企业的实际所得税率与纳税遵从之间存在负向关系,减轻企业的非税负担,注重对企业的产权保护不仅可以直接提高其纳税遵从度,还能对税率变化与纳税遵从两者的关系起到一定的调节作用,弱化税率上升带来的企业纳税遵从度下降的负面效应。可见,税费负担过重是导致企业纳税不遵从现象普遍存在的重要原因,但以非税负担作为企业纳税遵从的调节因子空间会更大,调整非税收入的政策效果会更强。

值得注意的是,尽管调整税费结构、降低非税收入比重已是改革的共识,但改革的成效并不明显,企业的税外负担仍是减而不轻。可能的原因是非税收入比重的降低也意味着政府收入的减少,作为利益再分配的税费改革必然会遭到既得利益集团的阻挠。但是,如果站在政府收入增长机制的规范性和持续性考虑,非税收入的调整既是挑战更是契机,虽然政府非税收入减少了,随着企业纳税遵从度的提高,该收的税收收入增加了,结构上呈现"此消彼长"的态势。从短期

---

① 从数据来看,近年来我国以税收计算的小口径宏观税负为20%左右,无论是与发达经济体27.7%的平均水平相比,还是与发展中经济体22.7%的平均水平相比,这个数字都是很低的,但是,如果是以财政收入计算,我国宏观税负就将上升到22.7%(2013年),如果以政府收入计算,我国宏观税负一下子就上升至36%左右。详见《第一财经日报》"减税不如减费"一文,2014年12月22日第B02版。

第6章 经济制度：产权保护水平影响企业税收遵从的实证分析

看，政府在减轻企业非税负担上要经历改革的阵痛，从长期来看，换来的是企业的长足健康发展，是政府收入总量的持续稳步增长，从而使我国的税收征纳主体最终回到政府依法治税、企业依法纳税的良性轨道上来。

本章的研究可能也为现有研究带来一些增量上的补充：第一，以往的研究主要探讨了税率对税收遵从的影响，本章引入了非税负担的作用，从而为税收遵从的相关研究提供了一个全新的视角；第二，研究发现税率与纳税遵从之间存在显著的负向关系，进一步明确了税率的影响方向，也为实证研究提供了一个新的证据；第三，本章发现减轻企业非税负担有助于抑制企业的纳税不遵从行为，并弱化实际所得税负提高带来的负面效应，这也为我国税费结构调整、制定更有效的财税政策提供了实践启示。

6.2 理论分析与研究假说

经典的 A-S 模型假定纳税人逃税被发现后的处罚是施加到低报的收入上，从而税率的提高就会产生收入和替代两种效应。收入效应使纳税人的行为更加谨慎，从而对抑制逃税起到积极作用；而替代效应则会使逃税的收益更高，对抑制逃税的作用是消极的。到底税率的上升是提高还是降低了纳税人的税收遵从还要取决于两种效应的相互作用结果。但是 Yitzhaki（1974）提出，如果罚款是施加到纳税人少纳的税额而不是低报的收入上，税率的提高仅仅只有收入效应，替代效应消失，反而能够提高纳税人的税收遵从度。

上述这些仅仅都只是停留在理论上的推导，Yitzhaki（1974）的税率与纳税遵从正相关的结论并没有得到之后实证研究的广泛支持。由于每一个国家的税制情况都不一样，加上税收遵从度测量以及数据可得性的难度，税率对企业纳税遵从的影响方向还是要结合一个国家的具体情况进行考察。在中国,增值税和所得税是企业缴纳的两大主体税种,同时也是政府的两大重要税源。增值税由于征收的对象是增值额,税基计算起来比较容易,征管也比较方便和规范,因而,企业在增值税上的逃避税空间相对有限。但所得税就不同,其征收的对象是利润,企业成本核算本身的复杂性使利润核算也具有了较大的伸缩性,再加上现行企业所得税政策优惠的多样性及在执行过程中非规范性,都为企业逃避税留下了较多的可操作空间(马光荣、李力行,2012)。再加上我国税收法治化水平整体上还比较低,税务稽查和执法力度仍然比较薄弱,对企业逃税的威慑力还不够,这些都客观地提高了企业成功逃税的概率。因此,单就税收遵从的经济层面考虑,在其他条件不变的情况下,税率越高,每单位低报的利润节省的税收就越多,纳税不遵从带来的收益也就越高。基于上述判断,本章得出第一个研究假设。

假设6-1:企业的实际所得税率越高其纳税遵从度越低,逃避税情况就越严重。

在中国特殊的转轨背景下,企业实际税收负担除了由税率决定外,还是各种环境因素制约下政府与企业博弈的结果,制度环境就构成了企业重要的生存环境,并影响着企业的纳税行为(吴祖光等,2011)。在我国,由于分税制的示范效应,财力层层上移而事权层层下移,这样就造成了地方政府财力与事权错配的局面,在这种情况下,为了应对日益繁多的财政支出项目,地方政府不得不加大对非税收入的征管,从而导致非税收入的大规模膨胀(王志刚等,2009)。不可否认的是,非税收入作为税收收入必要的补充形式,有效弥补了地方政府收入的不足,也是维持地方政府正常运转的需要。而对于纳税人而言,费和税均构成其实际意义上的财政负担,且费的执行力更强,由此导致非税收入规模偏大甚至"费挤税"的格局(张念明等,2015)。与税收相比,并不是所有的非税收入都具有存在的法理性,非税收入往往具有弹性大、不稳定、不规范等特征。正是因为非税收

第6章 经济制度：产权保护水平影响企业税收遵从的实证分析

入的这些特征很容易形成地方政府在具体征收或执行的过程出现行政权利异化现象，从而为政府对企业"干预"或"寻租"腐败预留了很大的空间。

更为重要的是，由行政权力异化的政府不规范行为，侵犯的不仅仅是企业的经济利益，影响其正常经营，而且还会传导到企业的纳税遵从行为上，让企业无法按照规范化的要求建立现代企业制度。因为，企业行为是内生于当地的制度环境，根据外在环境的变化而做适应性改变，趋利避害（罗党论等，2009）。当企业处在一个乱收费、乱罚款、乱摊派等产权保护水平比较低的环境中，其行为便是既定制度环境下理性抉择的产物，也就是说，当企业很难利用合法的制度性措施维权时，部分企业便会采用偷税漏税等非法手段来表达自身的利益诉求①，从而不可避免地走入"企业税费负担过重→企业逃税→政府财政收入减少→政府财政支出不足→企业的税费负担持续加重"的恶性循环中。因此，合理的宏观税负应该是基于法律约束和监管机制完善的前提，离开这个前提，就容易陷入"征多少都不合理，征多少都不够用"的境地（高琪等，2013）。

同时，我们还要看到，由于税制本身具有稳定性，以税率来调整企业纳税遵从度的空间有限，而非税负担不一样，企业承受的税外负担具有很大的灵活性，以非税收入作为企业纳税遵从度的调节因子相对具有更多的收缩空间。落实到具体的征收环境中，可能一些地方即使税收政策一样，在非税收入上却具有较大的弹性征管空间，或者说企业面对的税率是一样的，承受的税外负担却千差万别。如果税率的提高是伴随着税外负担的进一步加重，即政府对企业的产权掠夺程度更大，政府对企业的干预更多、政府寻租腐败更加严重，那么，企业的纳税遵从度也会进一步下降。反之，如果税率提高以后，政府的非税收入得以规范、政府注重保护企业的私有产权，企业所在的是一个

---

① 见《中国经济时报》"中小企业减负缘何减而不轻——访民建中央常委、民建中央企业委员会主任刘汉元"一文，2013年9月25日第012版。

更加透明、公平的制度环境，企业逃避税现象就有可能得到缓解。基于上述讨论，本章有第二个和第三个研究假设。

假设 6-2：一个地区政府越能减轻企业的非税负担，即政府对企业的产权保护水平越好，企业的纳税遵从度就越高。

假设 6-3：减轻企业的非税负担可以弱化实际所得税率提高带来的企业纳税遵从度下降的负面影响，企业逃避税现象可以得到一定程度地缓解。

6.3 研究设计

6.3.1 测度方法与计量模型

本章经验研究的重点和难点在于企业税收遵从度的测量。一般而言，测量税收遵从的方法可以分为以税务审计检查得到的数据为基础来测量，用财务数据测量以及问卷调查、模型分析、实验研究等其他测量方法（周叶，2006），这些方法在第 2 章税收遵从的基础理论中就已经详细介绍过，此处就不过多赘述，但由于这些方法均有优缺点，还没有哪一种方法成为测量税收遵从度的主流方法。这里，我们不妨回到税收遵从的定义本身，税收遵从指的是纳税人依照税法的规定履行纳税义务，包含及时申报、准确申报、按时缴纳三个基本要求。如果纳税人及时、准确并按时足额缴纳税款，其实际缴纳税额与应纳税额相等，我们就可以理解为该纳税人实现了完全的纳税遵从。对此，本章利用企业报告利润和真实利润的趋近程度来测量企业纳税遵从度，两者越接近，表明企业的纳税遵从度就越高，反之越低，这实际上与经典税收遵从理论模型的思想也是一致的。

构建刻画企业纳税遵从度的方程：

$$RPRO_{it} = d_{it}Z_{it} + e_{it} + \zeta_{it} \tag{6-1}$$

第6章 经济制度：产权保护水平影响企业税收遵从的实证分析

其中，$RPRO_{it}$ 为企业的报告利润，Z_{it} 为企业的真实利润，d_{it} 表示企业报告利润和真实利润的趋近程度，d_{it} 值越高，企业的报告利润就越接近其真实利润，e_{it} 代表企业真实利润为 0 时报告利润的大小，假定 $e_{it} < 0$，ζ_{it} 是均值为 0 的随机扰动项。问题的关键在于我们虽然知道企业的报告利润 $RPRO_{it}$，但却不知道其真实利润 Z_{it} 是多少。对此，本章借鉴 Cai 和 Liu（2009）的处理方法，根据国民收入核算的原理计算出企业的推算利润：

$$PRO_{it} = Y_{it} - MED_{it} - FC_{it} - WAGE_{it} - DEP_{it} - VAT_{it} \quad (6-2)$$

其中，PRO 是推算利润，Y 是企业总产出，MED 是中间投入，FC 是财务费用，WAGE 是工资支出，DEP 是当期折旧，VAT 是所交增值税额。值得注意的是，这里的推算利润并不等于真实利润，最主要的原因在于会计准则和国民收入核算两种方法在企业收入和产出上的确认标准不同，例如，并不是所有的当期产出都计入企业当年的收入中。资产折旧的处理方式也是不一样的。所有这些都导致了上述推算利润 PRO_{it} 与企业真实利润 Z_{it} 存在差异。因而推算利润并不能直接用来做真实利润的代理变量，但理论上两者应该是正相关的（Cai and Liu，2009），假设两者存在以下关系：

$$Z_{it} = \eta_{it} + PRO_{it} + \theta_{it} \quad (6-3)$$

其中，η_{it} 是未知参数，反映了两种核算方法在利润计算上的固有差异，可能大于 0，也可能小于 0，θ_{it} 是期望值为 0 的随机扰动项。将式（6-3）代入式（6-1）得：

$$RPRO_{it} = d_{it}PRO_{it} + d_{it}\eta_{it} + d_{it}\theta_{it} + e_{it} + \zeta_{it} = d_{it}PRO_{it} + d_{it}\eta_{it} + e_{it} + \varepsilon_{it} \quad (6-4)$$

所有影响企业纳税遵从度的因素都反映在 d_{it} 中，包括企业的自身特征、所有制类型、所在行业以及所在地区特征等，其中，$\varepsilon_{it} = d_{it}\theta_{it} + \zeta_{it}$ 为误差项。d_{it} 越大，企业报告利润与推算利润之间的趋近程度就越高，企业的税收遵从度就越高；反之越小，企业的税收遵从度就越低。以税率对企业纳税遵从的影响为例，本章假设如下：

$$d_{it} = \beta_0 + \beta_1 ETR_{it} + \beta_2 X_{it} + \omega_{it} \tag{6-5}$$

其中，ETR_{it} 代表企业的实际所得税率，X_{it} 是企业自身特征的变量，ω_{it} 为误差项。将式（6-5）代入式（6-4）可以得到：

$$RPRO_{it} = (\beta_0 + \beta_1 ETR_{it} + \beta_2 X_{it}) PRO_{it} + \alpha_0 + \alpha_1 ETR_{it} + \alpha_2 X_{it} + \mu_{it} \tag{6-6}$$

由于每一个企业国民收入核算账户和会计核算账户两者差异 η_{it} 的大小和符号我们并不知道，无法在回归中直接估计每一个企业的 η_{it} 值，但它们都已包含在 α_0、α_1 等当中。其中 α_0 代表截距项，包含 β_0、η_{it} 和 e_{it} 等因素。α_1 等于 β_1 与 $\overline{\eta_{it}}$（η_{it} 的平均值）的乘积。误差项 μ_{it} 包含 ε_{it}、ω_{it} 等因素（马光荣、李力行，2012）。为了检验本章提出的第一个研究假设，本章在式（6-6）的基础上进行拓展，构建了实证模型。

模型 1：

$$RPRO_{it} = (\beta_0 + \beta_1 ETR_{it} + \sum_{j=2} \beta_j X_{it}^j) PRO_{it} + \alpha_0 \\ + \alpha_1 ETR_{it} + \sum_{j=2} \alpha_j X_{it}^j + v_i + \mu_{it} \tag{6-7}$$

其中，v_i 是企业层面的固定效应，控制了一些影响企业报告利润大小的固有特征。这里我们最关注的是 β_1 的系数，如果 β_1 为负，表明实际所得税率越高，企业报告利润与推算利润的偏离程度就会越大，纳税遵从度越低。类似地，我们构建了检验第二个和第三个研究假设的实证模型 2 和模型 3①：

模型 2：

$$RPRO_{it} = (\beta_0 + \beta_1 F\_B_{pt} + \sum_{j=2} \beta_j X_{it}^j) PRO_{it} + \alpha_0 \\ + \alpha_1 F\_B_{pt} + \sum_{j=2} \alpha_j X_{it}^j + v_i + \mu_{it} \tag{6-8}$$

---

① 假设 2 和假设 3 中非税负担对企业纳税遵从的影响以及非税负担与实际所得税率的交互影响与假设 1 中实际所得税率影响的推算过程一样，这里就不一一赘述，直接给出余下两个研究假设的实证检验模型。

模型 3：

$$RPRO_{it} = (\beta_0 + \beta_1 ETR_{it} + \beta_2 F\_B_{pt} ETR_{it} + \sum_{j=3} \beta_j X_{it}^j) PRO_{it} + \alpha_0 + \alpha_1 ETR_{it}$$

$$+ \alpha_2 F\_B_{pt} ETR_{it} + \sum_{j=3} \alpha_j X_{it}^j + v_i + \mu_{it} \qquad (6-9)$$

6.3.2 变量选取与数据来源

（1）变量选取。

我们再回到模型 1、模型 2 和模型 3，对于各个变量的含义以及指标的选取给出详细的解释。

$RPRO_{it}$ 表示企业的报告利润，用企业的利润总额和总资产的比值进行标准化处理。

PRO_{it} 表示企业的推算利润，用企业的推算利润和总资产的比值来进行标准化处理。

ETR_{it} 表示企业的实际所得税率，用企业实际缴纳的所得税额与税前利润的比值表示，衡量的是企业实际所得税负的大小[①]。

F_B_{pt} 是企业所在地区政府在减轻企业非税负担方面所作的努力，衡量的是政府对企业的产权保护水平。我们选取《市场化指数》中的"减轻企业的税外负担"的细项得分作为衡量指标。该项指标值越大，说明该地区政府对企业的产权保护水平就越好，即企业承受的非税负担越轻。

$F\_B_{pt} ETR_{it}$ 是企业所在地区政府减轻企业非税负担指标与企业实际所得税率的交互项，考察的是非税负担对企业实际所得税率与纳税

---

① 这里需要说明的是我们对企业纳税遵从度的衡量是观察企业对利润的低报程度，与真实利润的偏离程度，而不是直接看税收少交的程度。虽然我国目前法定的公司所得税率是 25%，但由于税法规定了多种税收减免条件，一部分企业实际缴纳的所得税会由于合规的减免而比真实的税率低，因为这些税收减免是合法的，是可以被税务部门观察到的，企业不会更改其报告利润，因而这里的利润低报是由于主观避逃税和不合规的税收减免两部分组成的（马光荣、李力行，2012；范子英、田彬彬，2013）。

遵从两者关系的影响程度。

参考已有研究（Cai and Liu，2009；马光荣、李力行，2012；范子英、田彬彬，2013），我们还控制了企业的获取贷款能力（Credit）、企业规模（Size）、会计准则和国民收入核算两种方法的差异（Rsale）、成立时间的长短（Age）、企业的所有制类型等控制变量 X。表 6-1 是主要变量的定义与说明。

表 6-1　　　　　　　　　变量的定义与说明

变量名称	变量含义	计算方法
RPRO	报告利润	利润总额/总资产
PRO	推算利润	推算利润/总资产
ETR	企业实际所得税率	企业实际缴纳所得税/税前利润
F_B	企业非税负担	《市场化指数》下的"减轻企业的税外负担"的细项得分
Credit	获取贷款的能力	财务费用/总资产
Size	企业规模	企业总资产的对数
Rsale	两种核算方法的差异	企业当年销售收入/当年总产值
Age	成立时间	企业成立时间的对数
Dsoe	国有企业	如果该企业属于国有企业赋值为1
Dcollective	集体企业	如果该企业属于集体企业赋值为1
Dprivate	私营企业	如果该企业属于私营企业赋值为1
Dhktw	港、澳、台资企业	如果该企业属于港、澳、台资企业赋值为1
Dforeign	外商投资企业	如果该企业属于外商投资企业赋值为1
Dothers	其他企业	如果该企业属于其他企业赋值为1

（2）数据来源。

本章企业层面的数据来自 2003~2007 年中国工业企业数据库，在第 3 章的中国企业税收遵从经验观察中我们已经对该数据库进行了简要的概述，这里就不再赘述。由于该数据存在指标缺失、异常值干扰等问题，在进行回归之前，与前面经验观察类似，参考 Cai 和 Liu（2009），马光荣、李力行（2012），吴文锋等（2009）的方法，我们

第6章 经济制度：产权保护水平影响企业税收遵从的实证分析

也先对数据做了如下处理：删除缺少关键变量的观察值，包括企业的总产出、总资产、员工数量、利润总额、成立时间等；删除明显不符合逻辑的观察值，如企业的总资产小于流动资产、总资产小于固定资产总额、累计折旧小于当期折旧、总产出为负、企业的投入为负（职工、中间投入、固定资产原值、固定资产总额）；删除销售额明显小于500万元的企业（删除了总资产小于100万元、固定资产原值小于100万元以及职工人数小于10人三条之中存在任意一条的企业）；删除税前利润为负或所得税费用为负以及实际所得税率大于100%的样本；删掉了那些关键变量值在99.5%分位数以上和0.5%分位数以下的样本，以防止奇异值干扰回归的结果；最后删掉了存在重复ID的观测值。

经过处理之后的样本共包含886211个观察值，涵盖了2003~2007年347579家企业，因而这是一个非平衡的面板数据。根据每个企业所在的省市代码，将省级宏观数据与企业数据合并在一起。由于我们的数据是典型的大"N"小"T"的面板数据，Petersen（2009）认为，对于这类面板数据，如果使用常规的面板估计方法会低估标准误差，进而导致高估系数的显著性水平，建议直接对标准误（standard error）进行群聚调整（cluster），这样得到的标准误才是无偏的。因此，在以下的模型回归中本章对标准误进行了企业层面的群聚。

本章的"减轻企业的税外负担"指标直接取自樊纲等人（2011）编制的《市场化指数》。表6-2列示了主要变量的描述性统计结果。

表6-2　　　　　主要变量的描述性统计结果

变量	观测值	平均值	标准差	最小值	最大值
RPRO	886211	0.118	0.217	0.000	17.034
PRO	886211	0.347	0.842	-38.511	129.535
ETR	886211	0.179	0.356	0.000	100.000
F_B	886211	13.919	1.814	5.440	16.460

续表

变量	观测值	平均值	标准差	最小值	最大值
Credit	886211	0.016	0.033	-0.207	2.436
Size	886211	9.709	1.097	7.438	13.957
Rsale	886211	0.989	1.016	0.014	729.020
Age	854752	1.778	0.892	0.000	4.174
Dsoe	886211	0.037	0.188	0.000	1.000
Dcollective	886211	0.095	0.294	0.000	1.000
Dprivate	886211	0.506	0.500	0.000	1.000
Dhktw	886211	0.096	0.294	0.000	1.000
Dforeign	886211	0.092	0.288	0.000	1.000
Dothers	886211	0.175	0.380	0.000	1.000

6.4 实证结果分析

从回归结果来看，表6-3中的第（1）列只放入推算利润PRO一个解释变量，R^2表明推算利润能解释企业报告利润差异的12.1%。第（2）列放入除企业实际所得税率、企业非税负担以及两者交互项以外的其他控制变量，R^2上升为15.7%，说明其他控制变量共同影响了企业的纳税行为。

第（3）列加入了企业的实际所得税率的影响，与推算利润PRO的交互项系数在1%的水平下显著为负，符合本章的第一个研究假说，说明企业的实际所得税负越高，企业的报告利润就会越加偏离推算利润，企业的纳税遵从度就越低。这也进一步从实证上明确了税率对纳税遵从的负向影响。

第（4）列中放入了企业非税负担的影响，与推算利润PRO的交互项系数在1%的水平下显著为正，符合本章的第二个研究假说，企业所在地区政府越能减轻企业的非税负担，即政府对企业的产权保护

第 6 章　经济制度：产权保护水平影响企业税收遵从的实证分析

水平越好，企业报告利润就会越接近其推算利润，纳税遵从度就越高。

第（5）列则是在第（3）列的基础上加入了企业的非税负担对企业实际所得税负与纳税遵从两者关系的影响，三者的交互项系数在 1% 的水平下显著为正，符合本章的第三个研究假说，说明减轻企业的非税负担可以弱化实际所得税负提高带来的企业纳税遵从度下降或逃避税恶化的影响，或者说随着实际税负的提高，在企业非税负担比较轻的地方，企业的逃避税现象会得到一定程度的缓解。

此外，控制变量方面，企业获取贷款的能力 Credit 与推算利润 PRO 的交互项系数在 1% 的水平下显著为正，表明越是容易获取银行贷款的企业纳税遵从度也越高。这主要是因为易获取银行贷款的企业其逃税面临的机会成本相对比较高，如果逃税一旦被发现很可能丧失获得银行贷款的机会（马光荣等，2012）。本章以企业的总资产作为衡量指标的企业规模 Size 与推算利润 PRO 的交互项系数在 1% 的水平下显著为负，表明企业的规模越大其纳税遵从度越低。可能是因为大公司有更多的资源进行税务筹划以及与当地政府建立政治联系，从而更有条件贿赂地方官员，逃避税更加便利。会计准则和国民收入账户两种核算方法差异 Rsale 和推算利润 PRO 的交互项系数在 1% 的水平下显著为正，表明两种核算方法的差异越小，企业的报告利润与推算利润之间的差异就越小。企业的成立时间 Age 与推算利润 PRO 的交互项系数在 1% 的水平下显著为正，说明企业成立的时间越短，即越是新创立的企业纳税遵从度越低，可能是因为：一方面新成立的企业在制度建设、财务管理等很多方面本身就存在较多不规范的地方；另一方面，由于企业是新成立的，很容易成为税务机关稽查的盲区。从所有制类型来看，相比其他所有制类型的企业，国有企业的低报利润情况最为严重，可能的原因是国有企业有更多的政治联系，税务部门对国有企业的稽查力度相对比较弱，导致国有企业成功逃避税的概率也越高。

表 6-3　假设 6-1、假设 6-2 和假设 6-3 的检验结果

	(1)	(2)	(3)	(4)	(5)
PRO	0.082*** (0.004)	0.087*** (0.026)	0.091*** (0.026)	-0.120*** (0.026)	0.103*** (0.026)
ETR			-0.011*** (0.002)		-0.016 (0.029)
ETR × PRO			-0.066*** (0.008)		-0.518*** (0.093)
F_B				0.001*** (0.000)	
F_B × PRO				0.017*** (0.001)	
F_B × ETR					0.000 (0.002)
F_B × ETR × PRO					0.033*** (0.006)
Credit × PRO		0.051*** (0.018)	0.051*** (0.019)	0.047*** (0.018)	0.050*** (0.018)
Size × PRO		-0.012*** (0.003)	-0.011*** (0.003)	-0.014*** (0.003)	-0.012*** (0.003)
Rsale × PRO		0.019*** (0.005)	0.018*** (0.005)	0.019*** (0.005)	0.019*** (0.005)
Age × PRO		0.019*** (0.003)	0.019*** (0.003)	0.015*** (0.003)	0.018*** (0.003)
Dcollective × PRO		0.035*** (0.010)	0.037*** (0.010)	0.036*** (0.010)	0.038*** (0.010)
Dprivate × PRO		0.054*** (0.008)	0.055*** (0.008)	0.041*** (0.009)	0.052*** (0.008)
Dhktw × PRO		0.049*** (0.010)	0.047*** (0.010)	0.050*** (0.011)	0.047*** (0.010)

第6章 经济制度：产权保护水平影响企业税收遵从的实证分析

续表

	（1）	（2）	（3）	（4）	（5）
Dforeign × PRO		0.036 *** (0.011)	0.036 *** (0.011)	0.024 ** (0.011)	0.032 *** (0.011)
Dothers × PRO		0.061 *** (0.009)	0.061 *** (0.010)	0.050 *** (0.010)	0.058 *** (0.010)
截距	0.090 *** (0.001)	0.291 *** (0.020)	0.295 *** (0.020)	0.366 *** (0.019)	0.314 *** (0.021)
行业特征	未控制	控制	控制	控制	控制
观测值	886211	854752	854752	854752	854752
R^2	0.121	0.157	0.162	0.173	0.166

注：***、**、* 分别表示1%、5%和10%下的显著性水平，括号内为标准差。除了第（1）列以外各列都放入了控制变量水平项，行业的虚拟变量以及行业虚拟变量与推算利润 PRO 的交互项，但出于篇幅考虑并未在表中一一报告出来。

6.5 稳健性检验

为进一步确认前述研究结果的可靠性，本章还进行了以下几个方面的稳健性测试，总体上并没有改变原有的研究结论。

第一，删除报告利润大于推算利润的企业样本。从理论上看，企业的报告利润应该是小于其推算利润的，但企业有可能出于吸引投资、政府补贴或维护自身形象等方面的考虑汇报的利润是小于其真实利润的，那么这部分样本观测值就有可能导致本章研究结论的偏差。本章以剔除报告利润大于推算利润后的 567213 个样本观察值进行重新检验，从表6-4可以看出本章的主要结论依然成立。

第二，本章的结论可能会受到以下因素的干扰：在企业非税负担比较重的地区，企业的逃避税行为完全是因为其真实利润水平比较高从而逃避税更加有利可图的主动行为，并不是因为沉重的税费负担所

表 6-4　删除报告利润大于推算利润后的样本观察值后的稳健性检验结果

	（1）	（2）	（3）
PRO	0.005 (0.030)	-0.182*** (0.033)	0.025 (0.030)
ETR × PRO	-0.066*** (0.010)		-0.605*** (0.110)
F_B × PRO		0.015*** (0.001)	
F_B × ETR × PRO			0.039*** (0.007)
控制变量	控制	控制	控制
行业特征	控制	控制	控制
观测值	567213	567213	567213
R^2	0.260	0.269	0.265

注：***、**、* 分别表示1%、5%和10%下的显著性水平，括号内为标准差。表中每一列都放入了控制变量、行业虚拟变量与推算利润PRO的交互项以及各自的水平项，但出于篇幅的考虑并未在表中一一报告出来。

致。为了排除这种可能性，在控制了企业自身的特征以外，本章加入了推算利润的二次项（PRO×PRO），考察企业自身推算利润的高低对其纳税行为的影响。结果如表6-5所示，推算利润的二次项（PRO×PRO）系数在1%的水平下显著为负，表明企业的推算利润越高其纳税遵从度就越低，同时本章的主要结论依然成立。这说明企业的纳税遵从行为是主客观共同影响的结果，既有主动逃避税的动机，也受税收政策及所处制度环境变化的影响。

第三，本章由于是用推算利润来替代真实利润的，因此依赖于企业会相对真实地报告总产出，但是如果企业像低报利润一样低报总产出，那么前面的推算利润就存在严重的测量误差，并构成了内生性的一个主要来源（范子英、田彬彬，2013）。为了消除企业低报工业产

第 6 章　经济制度：产权保护水平影响企业税收遵从的实证分析

表 6-5　加入推算利润二次项（PRO×PRO）后的稳健性检验结果

	(1)	(2)	(3)
PRO	0.135*** (0.025)	-0.083*** (0.025)	0.147*** (0.025)
ETR×PRO	-0.070*** (0.008)		-0.519*** (0.095)
F_B×PRO		0.019*** (0.001)	
F_B×ETR×PRO			0.033*** (0.006)
PRO×PRO	-0.001*** (0.000)	-0.001*** (0.000)	-0.001*** (0.000)
控制变量	控制	控制	控制
行业特征	控制	控制	控制
观测值	854752	854752	854752
R^2	0.165	0.178	0.169

注：***、**、*分别表示1%、5%和10%下的显著性水平，括号内为标准差。表中每一列都放入了控制变量、行业虚拟变量与推算利润 PRO 的交互项以及各自的水平项，但出于篇幅的考虑并未在表中——报告出来。

出的影响，借鉴范子英等（2013）的做法，本章调整企业的实际所得税率，用企业应缴所得税／总资产来衡量实际税率①并作为被解释变量重新对模型进行估计。从表 6-6 可以看到企业所在地区的政府越能减轻企业的非税负担，即政府对企业的产权保护水平越好，企业的实际税率就越高，这说明减轻企业的非税负担能显著改善企业的纳税遵从行为，提高纳税遵从度。

---

① 实际税率本身也是一种度量企业逃避税的常用指标，我们也已在前面详细介绍过，实际税率越高代表企业的逃避税情况越少。

表 6-6　　　　稳健性分析：测量误差的检验结果

F_B	0.001 ***
	(0.000)
Credit	0.114 ***
	(0.009)
Size	-0.007 ***
	(0.000)
Rsale	0.000 **
	(0.000)
Age	0.004 ***
	(0.000)
Dcollective	0.001 *
	(0.001)
Dprivate	0.003 ***
	(0.000)
Dhktw	0.001 *
	(0.001)
Dforeign	0.001
	(0.001)
Dothers	0.002 ***
	(0.000)
观测值	854752
R^2	0.018

注：*** 、** 、* 分别表示 1%、5% 和 10% 下的显著性水平，括号内为标准差。

6.6　财政政策："减税"还是"减费"

本章将企业的非税负担纳入税收遵从的研究范畴，考察产权保护

第6章　经济制度：产权保护水平影响企业税收遵从的实证分析

水平对企业税收遵从的影响，利用2003～2007年的中国工业企业数据库微观数据和省级宏观数据，实证考察了企业的实际所得税率、非税负担以及纳税遵从三者之间的关系。研究发现：企业的实际所得税率越高其纳税遵从度越低；企业的非税负担越轻其纳税遵从度就越高；减轻企业的非税负担可以弱化实际所得税负提高带来的企业纳税遵从度下降或逃避税恶化的负面影响。研究结果表明，减轻企业的非税负担不仅可以直接提高企业的纳税遵从度，还可以对税率变化与企业纳税遵从两者的关系起到一定的调节作用。这也意味着，政府收入并不会因非税收入的减少而减少，而是随着企业纳税遵从度的提高，会因该收的税收收入的提高而提高，结构上呈现"此消彼长"之势。因此，从短期看，政府收入总量上的变化尚不清楚，政府要经历改革的阵痛，但从长期来看，伴随着减轻企业非税负担效应的持续放大，政府收入在总量上是在稳步增长的。

本章的研究有益于我们正确认识"税"和"费"的关系，重视非税负担对企业纳税遵从的影响，同时政府也要加强对企业的产权保护水平，因为如果政府对企业的产权掠夺程度比较大，取得的可能只是短暂的收益，所以对企业带来的负面效应最终还是会反馈到对政府的长远税收收入上。本章的结论也具有一定的政策启示：首先，减税，降低企业实际税负仍然是改善企业纳税遵从行为的有效途径；其次，减轻企业非税负担、约束政府行为、限制政府对企业的干预是企业从违法逃税走向依法纳税的必要条件；最后，从现实国情出发，考虑到当前我国实现城镇化、农业转移人口市民化等多重目标的艰巨任务，政府财政还将在一个较长时期内保持大规模的刚性开支，在地方税系尚未重构的情况下，从税收角度去探讨为企业减负的空间并不大。但是，如果我们能认识到在我国"税不重"而"负担重"的深层次原因是企业非税负担较重的事实，基于本章的研究结论，以非税负担作为企业纳税遵从度的调节因子空间会更大，调整非税收入的政策效果要更强。因此，就现阶段而言，"清费立税"，落实税收法定主义原则，减轻企业非税负担是当务之急，这也是逐步提高企业纳税遵从度、调整政府税费结构、促使企业依法纳税和我国全面走向依法治税的前提保障，更是摆正政企关系，确立市场在资源配置中主体地位的应有之义。

基于制度环境视角的
企业税收遵从
行为研究

Chapter 7

第7章 政治制度：官员腐败程度影响企业税收遵从的实证分析

第 7 章 政治制度：官员腐败程度影响企业税收遵从的实证分析

7.1 问题的提出

纳税不遵从问题并不是一个只存在某些国家或某个阶段的特殊问题，而是一个全球普遍存在的现象，在制度环境相对较差的发展中国家更为严重。纳税不遵从不仅直接造成政府税收收入的流失，还会造成资源配置的扭曲，影响收入分配状况。尤其是当前随着中国经济由过去的高速增长转入中高速，财政收入增长也逐步放缓，企业大面积的逃避税无疑将会给财政收入带来更大的冲击，在财政支出未做出相应调整的情况下，财政收支矛盾会更加突出。因此，如何提高企业税收遵从度，逐步提升企业实际缴纳税款占应纳税款的比重，是应对当前财政收入下滑，缓解地方政府财政压力的现实问题。

从理论上看，影响税收遵从的因素主要分为税率、稽查概率和处罚力度（Allingham and Sandmo，1972；Yitzhaki，1974）。在实际操作中，地方政府往往会通过两种手段对企业纳税行为产生影响：一种是税种或税率的调整；另一种是税收执法力度的调节。由于我国是中央政府统一开设税种和制定税率，原则上说，地方政府是没有这些权限的，但地方政府可以通过调整税收征收力度等手段给予企业优惠（刘慧龙、吴联生，2014）。这就使税收执法力度成为影响企业纳税不遵从的重要因素之一。正是这种弹性的税收执法力度为政府官员提供了"设租"空间，也为企业利用政治关系去切税收优惠这块"蛋糕"提供了可能性（吴文锋等，2009），而腐败作为一种特殊的政治关系，使受贿官员和行贿企业的利益关系更加密切，从而为企业带来更大的税收优惠（黄新建等，2012）。因此，本章的逻辑出发点就是：在一个官员腐败程度比较高、制度质量比较差的地区，地方税收执法官员与企业发生寻租交易就会越普遍，税收执法异变的可能性就会越高，从而会直接削弱税收执法力度。即：腐败是滋生税收执法权利变异的重要条件，而税收执法权利的异变导致了企业逃税更加普遍，国家的税收流失也更严重。

我们首先建立理论框架将上述思想模型化，发现较高的官员腐败程度会增加企业逃避税收的边际收益，降低企业税收遵从度。基于2003～2007年的中国工业企业微观数据和省级宏观数据，本章实证考察了两者的关系。通过本章的研究我们意欲回答以下两个问题：第一，腐败是否为影响企业纳税不遵从的重要因素，如果是，腐败又是怎样影响企业纳税不遵从的；第二，腐败对企业纳税不遵从的影响是否会因不同的征管机构、不同的市场化进程抑或是不同类型的企业而出现差异性变化，如果存在异质性，其背后的逻辑又是什么。实证研究发现，一个地区较高的官员腐败程度会显著增加当地企业的纳税不遵从行为，印证了上述理论假说；进一步，我们按照税收征管机构、地区市场化水平、企业所有制类型、地方政府财政压力的不同将样本分组检验，研究发现，腐败对企业纳税遵从的负面效应只在地税征管、市场化水平较低地区、企业所有制类型为私营以及地方政府财政压力较小的情形下显著，呈现出明显的差异化特征。本章的研究结论也具有一定的启示意义：总体来看，地区官员腐败加重了企业的纳税不遵从行为，但是，这一影响程度在不同情形下存有差异性，而那些腐败能够发挥显著作用的情形正是需要我们予以重点关注的，如财政压力较小时地方政府的税收行为。

本章的研究对于现有研究也可能会存在一定的增量补充：第一，本章将腐败的研究范围拓展到税收遵从领域，在一定程度上揭示了政府与企业关系中腐败作为一种特殊的政治关联，其在官员税收执法异变和企业纳税不遵从行为中发挥的作用，不仅丰富了腐败相关领域的研究，也是对研究税收遵从相关文献的有益补充；第二，本章还进一步探讨了腐败对企业纳税遵从的差异化影响，结果发现，腐败对企业纳税遵从的作用是有条件的，如并不是国税和地税征管下腐败都会对企业纳税遵从呈现出显著的负面效应，其背后的作用机制是会随着征管

第7章 政治制度：官员腐败程度影响企业税收遵从的实证分析

机构或者企业类型的不同而发生变化，如果忽略这种异质性就有可能导致我们研究结论的偏差，这也启示我们在关注腐败对企业纳税行为的总体性影响的同时，更要重视腐败发生作用的条件性或选择性，从而也为政府部门制定更加有效的反腐策略或税收政策提供了一定的实践价值。

7.2 理论分析

已有研究企业税收遵从的文献，多是采用与研究个人税收遵从相同的框架，即利用预期效用理论进行分析。本章在 Goswami, Sanyal 和 Gang（1991）（简称 GSG）模型研究框架[①]基础上，从企业的预期利润最大化角度，并加入企业的逃税成本，构建一个符合中国企业所得税逃税的理论模型。

7.2.1 模型假设

（1）设代表性纳税企业 i 的报告利润为 Z，真实利润为 Y，Z < Y，企业的报告利润与真实利润的接近程度越高，纳税遵从度也就越高。假定企业的所得税率为比例税率 τ。

（2）假定纳税企业被税务机关检查到有逃税问题的概率为 p，未被发现的概率为（1 – p），0 < p < 1，一旦企业被检查出有问题，除了要补交少缴纳的税额外，还要被罚款。按照中国税收征管的实际情况，本章假定税务机关是对企业的逃税额而非少报告的利润额进行比

[①] 本章与 GSG 模型研究框架的几点不同：第一，GSG 模型假定税务稽查是由政府而非稽查人员来执法，而本章的税务稽查就是稽查人员不作此区分。第二，GSG 模型是以纳税人少申报的利润额即（Y – Z）为依据进行处罚的。本章基于我国税收征管的现实情况，假定税务机关对企业的惩罚是施加在其逃税额而非少申报的利润额上。寻租函数的情况亦是如此。第三，GSG 模型既考虑了纳税人的收益，又考虑了政府的收益。这里，本章只考虑企业的收益，考察外在条件的变化是如何影响企业的税收遵从行为的。第四，本章在模型中还考虑了企业的逃税成本。

例处罚的，惩罚额为 fτ(Y-Z)。

（3）税务人员在对纳税企业进行稽查时可能发生腐败行为，设税务人员存在腐败行为的概率为 r，不存在任何腐败行为的概率为 (1-r)，0<r<1。假定企业也是按照逃税额的大小向腐败税务官员支付一定比例寻租额的，即寻租额为 bτ(Y-Z)。[①]

（4）企业的纳税不遵从行为会产生成本（如企业雇佣注册会计师和律师费用等），设代表性纳税企业的逃税成本为 C(Y-Z)，成本函数 C 是随着（Y-Z）递增的凸函数，即企业的少报利润越大企业的逃税成本也就越高。

（5）本章假定纳税企业的企业主是风险中立的。

7.2.2 模型设计

根据上述的假定条件，可以求得纳税企业在逃税的情况下，即发生纳税不遵从时的利润函数。

因为税务机关的税务稽查具有一定的随机性，企业的逃税行为会以 p 的概率被发现，但是也有 1-p 的概率会成功。如果企业逃税成功，企业的税后利润为：

$$Y - \tau Z - C(Y-Z) \tag{7-1}$$

一旦被发现，企业也会想方设法逃过或少交罚款，这时，如果税务稽查人员存在腐败行为，两者便很有可能发生寻租交易，企业发生寻租行为的税后利润为：

$$Y - \tau Z - b\tau(Y-Z) - C(Y-Z) \tag{7-2}$$

但是如果税务稽查人员不存在任何腐败行为，企业便只能如数上缴罚款，企业的税后利润为：

---

① 这里，需要强调的是本章假定腐败官员和纳税企业之间的"交易"能够实现的前提是企业的寻租率 b 小于 1，即企业向腐败官员支付的寻租额是小于其被查出有问题时上缴的逃税额，反之，在不考虑其他因素下，企业没有动机选择与腐败官员"交易"。

第7章 政治制度：官员腐败程度影响企业税收遵从的实证分析

$$Y - \tau Z - (1 + f)\tau(Y - Z) - C(Y - Z) \qquad (7-3)$$

结合式（7-1）~式（7-3）求得企业逃税的预期利润函数：

$$E(\prod) = (1-p)[Y - \tau Z - C(Y - Z)] + p\{r[Y - \tau Z - b\tau(Y - Z) - C(Y - Z)] + (1-r)[Y - \tau Z - (1+f)\tau(Y - Z) - C(Y - Z)]\} \qquad (7-4)$$

进一步整理可得：

$$E(\prod) = Y - \tau Z - p\tau(Y - Z)[rb + (1-r)(1+f)] - C(Y - Z) \qquad (7-5)$$

由于纳税企业的真实利润 Y 是一个外生确定的值，企业可以通过选择报告利润 Z 的大小，即税收遵从度的大小使自身的预期利润最大化，企业所得税逃税决策的预期利润最大化的一阶条件为：

$$\frac{\partial E(\prod)}{\partial Z} = C'(Y - Z) + p\tau[rb + (1-r)(1+f)] - \tau = 0 \qquad (7-6)$$

即：$C'(Y - Z) = \tau\{1 - p[rb + (1-r)(1+f)]\}$①，企业逃税的边际成本等于边际收益，MR = MC 处的 $[(Y-Z)]^*$ 便是企业的最优逃税点。图 7-1 便是纳税企业的最优逃税均衡图。

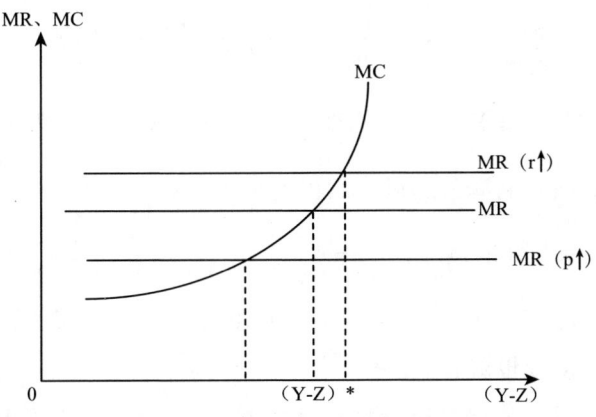

图 7-1　纳税企业最优逃税均衡

---

① 因为企业逃税的边际成本是递增的，即 $C' > 0$，在税率 r 为正的情况下，此式隐含着 $p[rb + (1-r)(1+f)] < 1$。

7.2.3 模型分析

根据预期利润最大化的一阶条件，进一步分别求出 Z 关于税率 τ、稽查率 p、腐败概率 r、惩罚率 f 的偏导，考察以上变量发生变化对纳税企业逃税均衡点的影响：

(1) Z 关于 τ 的偏导：$\frac{\partial Z}{\partial \tau} = \frac{p[rb+(1-r)(1+f)]-1}{C''(Y-Z)}$，根据前面的假定可知，$p[rb+(1-r)(1+f)]<1$，$C''>0$①，故 $\frac{\partial Z}{\partial \tau}<0$，即在其他条件不变的情况下，税率越高，企业的报告利润就越低，纳税遵从度也越低。

(2) Z 关于 p 的偏导：$\frac{\partial Z}{\partial p} = \frac{[rb+(1-r)(1+f)]}{C''(Y-Z)}$，易知 $\frac{\partial Z}{\partial p}>0$，即在其他条件不变的情况下，税务机关对纳税企业的税务稽查力度越大，企业的报告利润就越高，纳税遵从度也就越高。

(3) Z 关于 r 的偏导：$\frac{\partial Z}{\partial r} = \frac{p\tau[b-(1+f)]}{C''(Y-Z)}$，因为前面假定 b<1，故 $\frac{\partial Z}{\partial r}<0$，即在其他条件不变的情况下，税务人员腐败的概率越高，企业的报告利润就越低，纳税遵从度也越低。

(4) Z 关于 f 的偏导：$\frac{\partial Z}{\partial f} = \frac{p\tau[1-r]}{C''(Y-Z)}$，易知 $\frac{\partial Z}{\partial f}>0$，即在其他条件不变的情况下，企业逃税面临的惩罚力度越大其报告的利润就越高，纳税遵从度也就越高。

总体来看，税率对企业纳税遵从的影响为负，这是因为税率越高，企业逃税的边际收益也会越高，企业的逃税力度就会加大。类似地，腐败对企业纳税遵从也是负向影响，较差的制度环境会为企业逃

---

① 前面假定企业的逃税成本是关于企业少报利润额递增的凸函数。

第7章 政治制度：官员腐败程度影响企业税收遵从的实证分析

税提供更多的"机会"，提高逃税的边际收益。相反，稽查概率和惩罚力度对企业纳税遵从都是正向影响，较大的稽查概率和惩罚力度会降低企业逃税的边际收益，对企业的逃税行为起到一定的震慑作用。

7.3 研究设计

7.3.1 测度方法与计量模型

构建刻画企业纳税遵从度的方程[①]：

$$Z_{it} = d_{it}Y_{it} + e_{it} + \zeta_{it} \tag{7-7}$$

其中，Z_{it}[②]为企业的报告利润，Y_{it}为企业的真实利润，e_{it}为截距项，代表企业真实利润为0时其报告利润的大小，假定$e_{it} < 0$，ζ_{it}是均值为0的随机扰动项。企业的纳税遵从度d_{it}值越高，企业报告的利润就越接近真实值。问题的关键是企业报告利润易知，但真实利润难寻。对此我们借鉴Cai和Liu（2009）的处理方法，根据国民收入核算的原理计算企业真实利润的替代变量推算利润。

$$\text{推算利润} = \text{企业总产出} - \text{工业中间投入} - \text{财务费用} - \text{工资支出} - \text{当期折旧} - \text{所交增值税} \tag{7-8}$$

但是由于会计准则和国民收入核算两种方法的异同，推算利润PRO_{it}与企业真实利润Y_{it}会存有差异。因而推算利润并不能直接用来做真实利润的代理变量，但理论上两者应该是正相关的，假设两者存在以下关系：

$$Y_{it} = \eta_{it} + \text{PRO}_{it} + \theta_{it} \tag{7-9}$$

---

① 企业纳税遵从的刻画方法与第6章是一样的，这里之所以再次赘述是因为本章的计量模型构建需要前面的公式推导，也是为了出于分析的完整性考虑。

② 这里的报告利润Z和第6章中RPRO是同一含义，只不过为了与上述理论模型保持一致性使用了Z替代，但在后面都是使用的RPRO作为企业报告利润的替代。

其中，η_{it}是未知参数，反映了两种核算方法在计算利润时的固有差异，可能大于0，也可能小于0，θ_{it}是期望值为0的随机扰动项。

将式（7-9）代入式（7-7）得：

$$Z_{it} = d_{it}PRO_{it} + d_{it}\eta_{it} + d_{it}\theta_{it} + e_{it} + \zeta_{it} = d_{it}PRO_{it} + d_{it}\eta_{it} + e_{it} + \varepsilon_{it}$$

$$(7-10)$$

其中，d_{it}反映了可能影响企业纳税遵从的因素，包括企业的自身特征、所在行业以及所在地区特征等，其中，$\varepsilon_{it} = d_{it}\theta_{it} + \zeta_{it}$为误差项。$d_{it}$越大，企业报告利润与推算利润之间的趋近程度就越高，纳税遵从度就越高。

本章重点考察的是官员腐败程度对企业纳税遵从的影响，即：

$$d_{it} = \beta_0 + \beta_1 Corr_{pt} + \beta_2 X_{it} + \omega_{it} \tag{7-11}$$

其中，$Corr_{pt}$代表一个地区官员的腐败程度，X_{it}是企业自身特征的变量，ω_{it}为误差项。将式（7-11）代入式（7-10）可以得到：

$$Z_{it} = (\beta_0 + \beta_1 Corr_{pt} + \beta_2 X_{it})PRO_{it} + \alpha_0 + \alpha_1 Corr_{pt} + \alpha_2 X_{it} + \mu_{it}$$

$$(7-12)$$

由于每一个企业国民收入核算账户和会计核算账户两者的差异η_{it}的大小和符号我们并不知道，无法在回归中直接估计每一个企业的η_{it}值，但它们都已包含在α_0、α_1等中。其中α_0代表截距项，包含β_0、η_{it}和e_{it}等因素。α_1等于β_1与$\overline{\eta_{it}}$（η_{it}的平均值）的乘积。误差项μ_{it}包含ε_{it}、ω_{it}等因素（马光荣等，2012）。

在式（7-12）的基础上进行拓展，构建了适用本章研究的实证模型：

$$RPRO_{it} = (\beta_0 + \beta_1 Corr_{pt} + \sum_{j=2}\beta_j X_{it}^j)PRO_{it} + \alpha_0 +$$

$$\alpha_1 Corr_{pt} + \sum_{j=2}\alpha_j X_{it}^j + v_i + v_t + \mu_{it} \tag{7-13}$$

其中，$RPRO_{it}$代表企业的报告利润，v_i是企业层面的固定效应，v_t是年份的固定效应。同样，本章也控制了企业的实际所得税率（ETR）、企业获取贷款能力（Credit）、企业规模（Size）、会计准则

第7章 政治制度：官员腐败程度影响企业税收遵从的实证分析

和国民收入核算两种方法的差异（Rsale）、成立时间的长短（Age）等控制变量 X。这里本章最关注的是 β_1 的系数，如果 β_1 为负，表明官员腐败程度越严重，d_{it} 越小，企业报告利润与推算利润的偏离程度越大，纳税遵从度就越低。

7.3.2 变量选取与数据来源

（1）核心解释变量。

官员腐败（Corr）：本章利用"每万名公职人员的贪污贿赂立案数"来衡量一个地区的官员腐败程度，这也是国内学者较多采用的衡量方法，如陈刚等（2010）、范子英（2013）、聂辉华等（2014）均使用了此种方法。

（2）因变量。

本章的因变量是企业纳税遵从，根据前面的衡量方法，我们主要是利用企业推算利润 PRO 和报告利润 RPRO 的趋近程度进行测度的，其中报告利润 RPRO 直接取自企业的利润总额，并利用企业的总资产进行标准化处理；推算利润 PRO 是利用国民收入核算方法计算得来，同样利用企业的总资产进行标准化处理。

（3）控制变量。

企业实际所得税率（ETR），以企业实际缴纳的所得税额与税前利润之比来表示；企业获取贷款的能力（Credit），以财务费用与总资产之比来表示；企业规模（Size），以企业职工总数来表示，并做对数化处理；两种核算方法的差异（Rsale），以企业当年销售收入与当年总产值表示；企业年龄（Age），用成立时间的对数来表示。此外，我们还控制了行业和年份效应。

（4）分组标准。

为了进一步考察腐败对企业纳税遵从的异质性影响，本章还进行了分组检验。

征管机构：中国 2002 年实施了所得税收入分享改革，规定在 2002 年之前成立的老企业仍由原始的税务机构征管，但自 2002 年 1 月 1 日起新成立的企业全部由国税局征管。对此，我们以企业的成立年份 2002 年为分界线，将 2002 年之前成立的企业划入"地税征管"组，2002 年之后成立的企业划入"国税征管"组。

市场化水平：利用《市场化指数》中的"市场化总指数"衡量一个地区的市场化水平。每一年，按照各个地区的市场化进程总得分排序，如果地区得分位于当年样本中位数之上的划入"市场化水平高"组，反之则划入"市场化水平低"组。

企业所有制类型：现有文献在识别企业所有制类型时通常采取实收资本和注册类型两种方式，且这两种方式存在差异，理论上实收资本更能及时反映企业的所有制类型（聂辉华等，2012）。但范子英、田彬彬（2013）认为我国的税收征管依据的是原始的登记注册类型，即使后来由于企业重组等原因导致了企业类型发生变更，但其初始的税收登记机构不改变。故本章采取注册类型的识别方式，按照注册代码将企业具体分为国有企业、集体企业、私营企业、港澳台资企业、外商独资企业等类型。根据研究的需要，我们将重点考察国有企业、私营企业和外商独资三种类型的企业。

财政压力：本章借鉴刘慧龙、吴联生（2014）的做法，使用上一年的财政收入增长率作为衡量地方财政收入压力的指标，因为，我国地方政府当年财政收入增长目标的确定往往会考虑上年的财政收入增长情况，如果上年财政收入增长较快，则当年的财政收入增长目标定的也会比较高，地方政府财政创收的压力也就比较大。每一年，按照各个地区的财政压力排序，如果地区的财政压力位于当年样本中位数之上的划入"高财政压力"组，反之则划入"低财政压力"组。

（5）数据来源。

腐败立案件数来自历年《中国检察年鉴》中各地区检察院立案侦查贪污贿赂、渎职侵权等职务犯罪案件数；公职人员数以公共管理

第 7 章 政治制度：官员腐败程度影响企业税收遵从的实证分析

和社会组织行业职工人数来代理，来自历年《中国统计年鉴》；各地区的公共财政收入指标来自中经网统计数据库；"市场化总指数"这一指标直接取自樊纲等（2011）编制的《市场化指数》。

本章的企业层面数据来自 2003~2007 年国家统计局的中国工业企业数据库，与第 6 章的数据处理方法类似，我们在本章也对数据做了同样的处理，这样，经过处理之后的样本共包含 886211 个观察值，涵盖了 2003~2007 年 347579 家企业，因而这是一个非平衡的面板数据。最后根据每个企业所在的省市代码，将省级宏观数据与企业数据合并在一起。同样在后面的模型回归中也对标准误进行了企业层面的群聚调整。表 7-1 列示了主要变量的统计性描述结果。

表 7-1 主要变量的统计描述

变量符号	变量名称	观测值	平均值	方差
RPRO	报告利润	886211	0.118	0.217
PRO	推算利润	886211	0.347	0.842
Corr	每万名公职人员腐败立案件数	886211	29.85	6.859
ETR	实际所得税率	886211	0.179	0.356
Credit	获取贷款能力	886211	0.0157	0.0333
Size	企业规模	886211	4.681	0.930
Rsale	两种核算方法差异	886211	0.989	1.016
Age	企业成立时间	854752	1.778	0.892
Fiscpress	财政压力	886211	0.205	0.0830
NT	国税征管	886211	0.326	0.469
Market	市场化水平	886211	8.169	1.666
Soe	国有企业	886211	0.0365	0.188
Private	私营企业	886211	0.506	0.500
Foreign	外商投资企业	886211	0.0916	0.288
Corr1	每百万人腐败立案件数[a]	886211	26.55	6.173

注：a 为变量"每百万人腐败立案件数"是后面稳健性检验里要用到的。

7.4 基准回归结果

从基准回归结果来看，表7-2中的第（1）列只放入推算利润 PRO 一个解释变量，R^2 表明推算利润能解释企业报告利润差异的 12.1%。推算利润与报告利润之间存在显著的正向关系，即推算利润越高，报告利润也越高。

第（2）列放入除腐败变量以外的其他控制变量，R^2 上升为 17.4%，说明其他控制变量共同影响了企业的纳税遵从度。

第（3）列放入了官员腐败程度的影响，在没有控制其他相关变量的情况下其与推算利润 PRO 的交互项系数在 1% 的水平下显著为负，说明一个地区的官员腐败程度越高，推算利润与报告利润的偏离程度也越高，企业的逃避税情况就越严重。这也与本书的理论分析结论是一致的，即腐败会降低企业的纳税遵从度。

第（4）列在第（3）列回归的基础上加入了控制变量，虽然官员腐败与推算利润 PRO 的交互项系数有所下降，但仍在 1% 的水平上显著。官员腐败与推算利润 PRO 的交互系数 -0.002 表明，在推算利润的平均值 0.347 处，地区"每万名公职人员贪污贿赂立案件数"每增加 1 件，企业报告利润就会降低 0.069 个百分点，与报告利润的平均值 0.118 相比，企业会少报告 0.58% 的利润，即企业会少缴纳 0.58% 的所得税。

其他控制变量的系数也比较符合预期。企业的实际税率 ETR 与推算利润 PRO 的交互项系数在 1% 的水平下显著为负，说明实际税率越高，企业纳税遵从度越低。企业获取贷款的能力 Credit 与推算利润 PRO 的交互项系数在 5% 的水平下显著为正，说明越容易获取贷款的企业纳税遵从度也越高。企业规模 Size 与推算利润 PRO 的交互项系数并不显著，可能的原因是，企业规模对其纳税遵从的影

第7章 政治制度：官员腐败程度影响企业税收遵从的实证分析

响存在两种相反的机制：一是规模越大的企业越是会吸引税收机关的注意，逃税就会比较困难；二是逃避税也具有规模效应，规模大的企业逃税的成本也比较低，所以两种机制的抵消致使企业规模的影响是不显著的（马光荣、李力行，2012）。两种核算方法差异Rsale和推算利润PRO的交互项系数也是在1%的水平下显著为正，表明国民收入核算和会计核算两种方法的差异越小，企业的报告利润与推算利润之间越接近。企业的成立时间Age与推算利润PRO的交互项系数同样也是在1%的水平下显著为正，说明越是新成立的企业纳税遵从度越低。

表7-2 基准回归结果

	（1）	（2）	（3）	（4）
	RPRO	RPRO	RPRO	RPRO
PRO	0.082*** (0.004)	0.005 (0.019)	0.198*** (0.013)	0.064** (0.026)
Corr			-0.000*** (0.000)	0.001*** (0.000)
PRO × Corr			-0.004*** (0.000)	-0.002*** (0.000)
PRO × ETR		-0.059*** (0.007)		-0.059*** (0.007)
PRO × Credit		0.043** (0.018)		0.043** (0.018)
PRO × Size		0.000 (0.003)		0.001 (0.003)
PRO × Rsale		0.021*** (0.005)		0.020*** (0.005)
PRO × Age		0.007*** (0.002)		0.007*** (0.002)

续表

	(1)	(2)	(3)	(4)
	RPRO	RPRO	RPRO	RPRO
截距	0.090*** (0.001)	0.007 (0.017)	0.101*** (0.004)	-0.029 (0.018)
行业效应	未控制	控制	未控制	控制
年份效应	未控制	控制	未控制	控制
观测值	886211	854752	886211	854752
R^2	0.121	0.174	0.134	0.176

注：***、**、* 分别表示1%、5%和10%下的显著性水平，括号内为标准差。除了第（1）和第（3）列之外各列都放入了控制变量水平项，年份、行业的虚拟变量以及这些虚拟变量与推算利润PRO的交互项，但由于篇幅较大，未在上述表格中一一报告出来。

7.5 异质性检验

上述基准回归只是从总体上简单考察了官员腐败与企业纳税遵从两者的关系，尚不清楚这一关系是否会因条件的转移而发生变化，为了检验是否存在这种差异性，我们分别讨论了在不同的税收征管机构、市场化水平、企业所有权性质以及财政压力等情况下官员腐败对企业纳税遵从的异质性影响。

7.5.1 分不同的税收征管机构

在我国，税务机关属于典型的行政执法部门，因而拥有较大的自由裁量权。而税收执法的强弱则直接关系到企业的税收缴纳情况，且执法力度很可能会因为征管机构的不同而变化。1994年分税制改革之后，我国开始实行国税和地税两个系统并行的税收征管模式。两个系统各司其职：国税局主要负责征收消费税、关税等中央税，也包括

第7章 政治制度：官员腐败程度影响企业税收遵从的实证分析

中央和地方共享税，如增值税；地税局主要负责征收营业税、地方企业所得税等地方税。此外，国税局归国家税务总局垂直管理，地税局则归省（市）地税局垂直管理，这也就意味着国税局与地方政府之间并不存在直接的隶属关系，相对比较独立，因而也就较少受到地方政府的干预。具体到企业所得税的征管上，2002年之前，除央企和外资企业所得税之外，其他企业所得税主要由地税局征管，但从2002年1月1日起新成立的企业全部由国税局征管。

然而与增值税不同，增值税的征管相对比较规范，但所得税的征收更依赖于地方政府的税收执法水平，在税收优惠很多方面都存在较大的不规范性（范子英、田彬彬，2013）。因此，相较于国税局，地税局在税收执法的过程中更容易发生异化，出现执法不严的情况。对此，我们以企业的成立时间2002年为分界线，将企业按国税和地税征管分组检验，从表7-3我们可以看出，在2002年以后成立由国税局征管的企业样本中，腐败对企业纳税遵从的影响并不显著，但是在仍有地税局征管的企业样本中，腐败对企业纳税遵从却有着显著的负面影响，呈现出征管机构上的异质性。

表7-3 分不同的税收征管机构和地区市场化水平

	国税征管	地税征管	市场化高	市场化低
	RPRO	RPRO	RPRO	RPRO
PRO	0.008 (0.040)	0.087*** (0.030)	0.413*** (0.139)	0.070** (0.031)
PRO × Corr	-0.000 (0.001)	-0.002*** (0.000)	-0.000 (0.000)	-0.002*** (0.001)
PRO × ETR	-0.038*** (0.012)	-0.068*** (0.009)	-0.108*** (0.013)	-0.052*** (0.008)
PRO × Credit	0.015 (0.019)	0.088*** (0.028)	0.161*** (0.052)	0.036** (0.018)
PRO × Size	0.006 (0.006)	-0.002 (0.004)	-0.003 (0.003)	0.001 (0.004)

续表

	国税征管 RPRO	地税征管 RPRO	市场化高 RPRO	市场化低 RPRO
PRO × Rsale	0.011 * (0.006)	0.024 *** (0.007)	0.007 * (0.004)	0.024 *** (0.007)
PRO × Age	0.019 ** (0.008)	0.005 (0.004)	0.003 (0.004)	0.007 *** (0.003)
截距	-0.004 (0.045)	-0.045 ** (0.020)	0.048 (0.108)	-0.091 *** (0.022)
行业效应	控制	控制	控制	控制
年份效应	控制	控制	控制	控制
观测值	257608	597144	398219	456533
R^2	0.192	0.178	0.135	0.189

注：***、**、* 分别表示1%、5%和10%下的显著性水平，括号内为标准差。各列都放入了控制变量水平项，年份、行业的虚拟变量以及这些虚拟变量与推算利润PRO的交互项，出于篇幅考虑，并未在表中逐一列示出来。

7.5.2 分不同的地区市场化水平

腐败与企业纳税遵从的关系不仅会因为征管机构的不同而发生变化，也有可能会因市场化水平的高低而不同。在我国，由于地理区位、资源禀赋等方面的差异，地区经济发展水平高低不一，市场化进程也存有快慢之分。那么，较高的市场化水平是否能够抑制腐败，抑或是会进一步加剧腐败程度呢？理论上来看，市场化进程对腐败与企业纳税行为两者关系的影响可能会存在两种相反的作用机制：

一是在市场化水平比较高的地区，腐败对企业纳税遵从的影响更大。这是因为，市场化的过程往往也是非公有制经济不断发达的过程，在中国的特殊转轨背景下，市场化进程可能并没有伴随法治化建设的同步完善，导致监管政府公共权力的法律机制与经济自由化存在"脱节"。所以市场化和民营化可能在一定时期加剧而并非减轻腐败

第 7 章　政治制度：官员腐败程度影响企业税收遵从的实证分析

的发生（周黎安等，2009；戴亦一等，2014），从而导致了企业逃避税更加严重。

二是在市场化水平比较低的地区，腐败对企业纳税遵从的影响更大。因为在市场发育不成熟的地区，往往政府对企业的干预也会比较严重，政府手中掌握了大量企业生存与发展所需的稀缺资源，如果官员不是使用市场竞争规则去分配这些资源，企业就会通过行贿等手段设法获取这些资源，这样，公平竞争的"市场"规则就会被"关系"规则所取代（唐朱昌，2014）。可以说，企业对官员的行贿与其说是谋取自身发展的主动争取，不如说是对政府与市场扭曲关系的被动适应。

对此，本章按市场化水平的高低进行分组检验，结果发现，腐败对企业纳税遵从的影响只在市场化水平比较低的地区显著，印证了上述第二种影响机制。这也说明了市场和腐败作为两种相互替代的资源配置方式，当市场机制不发达时，腐败的交易成本较低，这时候，腐败就成为主要的资源配置方式，但随着市场组织的不断发育，市场机制的交易成本在逐步降低，市场就会取代腐败而成为较优的配置方式（吴一平等，2010）。

7.5.3　分不同的企业所有制类型

尽管从上述基准回归结果来看，腐败对企业纳税遵从的影响整体上是负向影响，但我们并没有考虑企业的异质性，不同类型的企业在与地方政府关系、获取税收优惠力度以及逃避税动机等方面均存在较大差异，而这些差异很有可能导致腐败对企业纳税遵从的影响会因所有制类型的不同而产生显著变化。如果企业通过贿赂官员而获取更多的资源，这本身就是对其他企业的不公平，所以腐败不可能对所有企业都有利，也不可能都不利，腐败对企业的影响是有选择性的（聂辉华等，2014）。对于国有企业来说，身份本身就决定了其具有先天的政治优势,不需要通过对官员的行贿手段,通过合法方式就可以获取政府在政策上的一些优惠支持;但对于民营企业而言,情况就完全不同,缺乏政治"名分"的民营企业就需要主动与政府建立政治联系以获取自身发展所需的资源,减少其在政治"名分"上受到的歧视(周林彬等,2003;吴文锋等,2008;余明桂等,2010)。

对此,我们分国有、私营以及外商独资三种类型企业考察腐败的异质性影响,如表7-4所示,结果发现,在国企样本中,腐败对企业纳税遵从的影响并不显著,这表明有着天然政治关系的国有企业有着制度的优先保障,通过贿赂地方官员降低实际税率的动机并不强,或者说国企本身对利润追求的动机就比较弱,以至于导致其逃避税的动机也相对较弱;在私营企业样本中,腐败与推算利润的交互项系数在1%的水平下显著为负,腐败的频发在一定程度上加剧了民营企业的逃避税,表明在较差的制度环境下,缺乏先天政治优势的民营企业有着强烈的动机去贿赂地方官员以降低自身实际税负,寻求有利于自身发展的机会或条件;在外商独资企业样本中,与国企相同,腐败对企业纳税遵从的影响也同样不显著,这可能是因为外商独资企业相对采取了较为严格的会计准则,利润核算也更加公开透明(马光荣、李力行,2012),较好的公司治理使自身对腐败的免疫力也比较高,Desai等(2007)也发现公司治理水平越好的企业其逃避税程度就越轻。

表 7-4　分不同的企业所有制类型和地方政府财政压力

	国有企业	私营企业	外商独资企业	高财政压力	低财政压力
	RPRO	RPRO	RPRO	RPRO	RPRO
PRO	0.151*** (0.047)	0.046 (0.036)	-0.038 (0.058)	0.006 (0.038)	0.104*** (0.035)
PRO × Corr	0.000 (0.001)	-0.002*** (0.001)	-0.000 (0.001)	-0.000 (0.001)	-0.003*** (0.000)
PRO × ETR	-0.010 (0.008)	-0.050*** (0.010)	-0.059** (0.026)	-0.064*** (0.010)	-0.072*** (0.011)

续表

	国有企业	私营企业	外商独资企业	高财政压力	低财政压力
	RPRO	RPRO	RPRO	RPRO	RPRO
PRO × Credit	-0.062 (0.041)	0.035* (0.020)	0.108*** (0.021)	0.023 (0.034)	0.105*** (0.039)
PRO × Size	-0.016** (0.007)	0.004 (0.005)	-0.019** (0.008)	0.008** (0.003)	-0.003 (0.005)
PRO × Rsale	0.009 (0.008)	0.023*** (0.008)	0.019** (0.008)	0.020** (0.008)	0.016** (0.007)
PRO × Age	-0.001 (0.004)	0.008** (0.004)	0.009 (0.008)	0.008** (0.004)	0.009*** (0.003)
截距	0.014 (0.028)	-0.072** (0.034)	0.028 (0.044)	-0.060** (0.028)	-0.008 (0.026)
行业效应	控制	控制	控制	控制	控制
年份效应	控制	控制	控制	控制	控制
观测值	32117	427941	79242	384037	470715
R^2	0.117	0.195	0.188	0.142	0.194

注：***、**、* 分别表示1%、5%和10%下的显著性水平，括号内为标准差。各列都放入了控制变量水平项，年份、行业的虚拟变量以及这些虚拟变量与推算利润PRO的交互项，但碍于篇幅限制，并未在表中一一列示出来。

7.5.4 分不同的地方政府财政压力

本章基准回归只是从总体上简单考察了腐败与企业纳税遵从两者的关系，并未从官员的属性本身去考察腐败的差异，进而由此带来的对企业纳税遵从的影响。这是因为，对于地方官员来说，既有作为"经济人"谋取私利的一面，同时更有作为"政治人"面临晋升压力的一面。其中，财政收入便是官员晋升参考的重要指标。假设企业通过行贿地方官员成功逃避税，受贿官员因此获得了相应的私人收益，但反过来看，企业的逃避税也意味着税收收入的减少，会影响官员的税收任务，继而有可能影响到官员今后的晋升机会。从这个意义上看，当官员面临"腐败"的机会或者面对企业的"寻租"时，也不得不考虑到由此对财政收支产生的影响，实际上是一种放松税收征管与财政收入压力的"权衡"，更是一种"经济人"与"政治人"身份的博弈。因此，腐败对企业纳税遵从的影响是否会因财政收入的压力而发生变化是值得我们考虑的。为了识别这种变化，本章按各地区的财政压力大小分为"高财政压力"和"低财政压力"两组，分别在不同的环境下考察腐败与企业纳税遵从的关系。

如表 7-4 所示，结果发现，在财政压力较低的情形下，腐败与推算利润的交互项系数在 1% 的水平下显著为负，但是在财政压力比较高的情形下，腐败与推算利润的交互项系数并不显著，即腐败对企业纳税遵从的负面效应只在财政压力较低的情况下出现。这其中背后的机制可能在于：在财政压力大的地区，一方面是政府有激励去加强税收征管，从而政府的税收努力程度越高，企业逃避税就会变得比较难；另一方面政府也有可能向企业施加更高的税负来缓解财政财力，典型的便是繁重的税外负担，从而导致沉重税负下企业的被动逃避税，这两种效应的相互作用结果致使腐败与企业纳税遵从关系在财政压力较大的地区并不显著；而在财政压力较低的情况下，政府给予企业税收优惠的动机就越强，放松税收征管的可能性就越大，从而导致企业逃避税更加普遍。由此可见，在不同的财政压力下，腐败对企业纳税遵从的作用机制是不同的，从中我们也可以看到，对于腐败官员来说，"经济利益"固然重要，但工作任务或晋升压力对其来说同样重要，这同时也为我们怎样更加有效反腐带来了启示，怎么科学有效地选拔官员，提高官员征税的积极性就显得非常重要。

7.6 稳健性检验

为了确认上述研究结论的可靠性，本章将从替换解释变量、考虑

第7章 政治制度：官员腐败程度影响企业税收遵从的实证分析

样本干扰、考虑上年报告利润、考虑本年推算利润、考虑官员腐败的滞后性影响等方面进行稳健性测试，主要结论并未发生改变。

第一，替换解释变量。本章利用吴一平（2008）使用的每百万人口腐败案件数 Corr1 替换解释变量 Corr 进行重新检验，该指标也是衡量地区官员腐败程度的常用指标之一。从表 7-5 中第（1）列的显示结果可以看到，虽然"每百万人口腐败立案件数"与推算利润 PRO 的交互回归系数有所下降，但仍然在 10% 的水平下显著，本章的主要结论并未发生变化。

第二，考虑样本干扰。与第 6 章的稳健性分析类似，本章也以剔除报告利润大于推算利润后的 567213 个样本观察值进行重新检验，因为这部分样本观测值也有可能导致本章研究结论出现偏差。从表 7-5 的第（2）列可以看出，腐败与推算利润 PRO 的交互回归系数在 1% 的水平下显著为负，本章的主要结论依然成立。

第三，考虑报告利润滞后一期的影响。一般来说，税收收入增长会存在路径依赖，如果企业上年报告利润很高，下年税收的缴纳也会比较高，利润隐藏就会比较困难（马光荣、李力行，2012）。我们在基准回归中放入报告利润 lagRPRO 滞后一期的影响，表 7-5 第（3）列的回归结果显示，上年报告利润 lagRPRO 与本年推算利润 PRO 的交互项回归系数在 1% 的水平下显著为正，说明上一年报告利润比较高的企业当年逃避税就比较困难，同时腐败与推算利润的交互项系数依然显著为负。

第四，考虑本年推算利润。对于企业来说，如果当年的推算利润比较高，在税率不变的情况下，低报利润的边际收益也就越高，企业纳税不遵从的动机也就更强。对此，我们在基准回归中加入了推算利润的二次项（PRO×PRO），考察企业自身推算利润的高低对其纳税行为的影响。表 7-5 第（4）列的回归结果显示，推算利润的二次项（PRO×PRO）系数在 1% 的水平下显著为负，表明企业的推算利润越高，其逃避税情况也越严重，同时腐败与推算利润的交互项系数依然显著为负。

第五，考虑腐败滞后一期的影响。腐败对企业纳税遵从的影响不一定只体现在当期，可能会存有滞后性，为了捕捉这种滞后性变化，同时也为了缓解可能存在的因果互逆效应，本章以上年官员腐败程度 lagCorr 作为解释变量重新进行检验，表 7-5 第（5）列结果显示，上一年官员腐败程度 lagCorr 与本年推算利润 PRO 的交互项系数在 10% 的水平下显著为负，表明上一年官员腐败程度比较高的地区，当地企业本年逃避税也会相对容易，同时也进一步说明了本章研究结论的稳健性。

表 7-5　　稳健性检验结果

	（1）	（2）	（3）	（4）	（5）
	RPRO	RPRO	RPRO	RPRO	RPRO
PRO	0.025 (0.023)	-0.058* (0.032)	0.042 (0.027)	0.071*** (0.025)	0.030 (0.024)
PRO × Corrl	-0.001* (0.000)				
PRO × Corr		-0.001*** (0.001)	-0.001*** (0.000)	-0.002*** (0.000)	
PRO × lagRPRO			0.031*** (0.007)		
PRO × PRO				-0.001*** (0.000)	
PRO × lagCorr					-0.001* (0.000)
PRO × ETR	-0.059*** (0.007)	-0.061*** (0.009)	-0.066*** (0.008)	-0.065*** (0.007)	-0.059*** (0.007)
PRO × Credit	0.044** (0.018)	0.054*** (0.019)	0.055*** (0.017)	0.052*** (0.018)	0.043** (0.018)
PRO × Size	0.001 (0.003)	0.006 (0.004)	0.001 (0.004)	0.001 (0.003)	0.000 (0.003)

第7章 政治制度：官员腐败程度影响企业税收遵从的实证分析

续表

	（1）	（2）	（3）	（4）	（5）
	RPRO	RPRO	RPRO	RPRO	RPRO
PRO × Rsale	0.021 *** （0.005）	0.142 *** （0.009）	0.021 *** （0.006）	0.016 *** （0.005）	0.021 *** （0.005）
PRO × Age	0.007 *** （0.002）	0.008 *** （0.003）	0.006 ** （0.003）	0.007 *** （0.002）	0.007 *** （0.002）
截距	-0.007 （0.018）	-0.037 （0.030）	-0.023 （0.024）	-0.028 （0.018）	0.004 （0.018）
行业效应	控制	控制	控制	控制	控制
年份效应	控制	控制	控制	控制	控制
观测值	854752	567213	642924	854752	854752
R^2	0.174	0.275	0.185	0.179	0.174

注：***、**、* 分别表示1%、5%和10%下的显著性水平，括号内为标准差。各列都放入了控制变量水平项、年份、行业的虚拟变量以及这些虚拟变量与推算利润PRO的交互项，但考虑到篇幅有限，未在表中一一报告出来。

7.7 反腐策略："一刀切"还是"差异化"

本章在Goswami，Sanyal和Gang（1991）（GSG）的理论模型框架基础上，从企业的预期利润最大化角度，并加入企业的逃税成本，构建一个符合中国企业所得税逃税的理论模型。理论研究结果表明，较高的官员腐败程度会增加逃税的边际收益，降低企业的纳税遵从度。基于2003~2007年中国工业企业数据库微观数据和《中国检察年鉴》宏观数据，以"每万名公职人员贪污贿赂立案件数"作为官员腐败程度的衡量指标，利用报告利润和推算利润的差异刻画企业的纳税遵从度，实证检验了上述理论假说。实证结果发现，一个地区的官员腐败程度越高，企业的报告利润就会越加偏离其推算利润，企业的纳税遵从度就越低，有力支持了本章的理论结果；进一步，我们按照税收征管机构、地区市场化水平、企业所有制类型、地方政府财政压力的不同对样本进行分组检验，研究发现，上述腐败与企业纳税遵从的负向关系只在地税征管、市场化水平较低地区、私营企业以及地方政府财政压力较小时出现，其他情形下均不显著，具有较强的异质性。最后，在替换解释变量、考虑样本干扰、考虑报告利润滞后影响、考虑本年推算利润、考虑腐败滞后影响等一系列稳健性测试之后，本章的主要结论依然可靠。

  本章的研究结论也具有一定的政策启示：第一，从直觉上看，加大打击反腐的力度能够提高企业的纳税遵从度，但两者的关系从根本上揭示的还是政府与市场的关系，如何才能让市场发挥决定作用，加强对政府权力的制约和监督才是问题的实质所在；第二，从腐败发挥作用的条件性来看，不同的客体对腐败的"免疫力"是有差别的，因此，反腐政策的制定不能"一刀切"，要具体结合实际情况注意反腐的策略性；第三，从企业的角度来看，企业与政府建立政治关系在很大程度上都是一种对当地制度环境所做出的适应性反映，企业固然有逃避税的主观动机，更重要的是要有成功逃避税的条件或环境，显然，较差的制度环境会为企业逃避税提供了更多的"机会"，反过来说，良好的制度环境可以降低企业的纳税遵从成本，甚至可以替代税收优惠手段来增强地区的投资吸引力（刘慧龙、吴联生，2014）。因此，制度质量的提高是涵养税源的基础性条件。

基于制度环境视角的
企业税收遵从
行为研究

Chapter 8

第8章 法律制度：法治化水平影响企业税收遵从的实证分析

第 8 章　法律制度：法治化水平影响企业税收遵从的实证分析

8.1　问题的提出

长期以来，加强法治是经济持续增长的重要制度前提（万良勇，2013）。尤其是当前我国正处于经济社会深度转型期，政府与市场关系也已正在发生变化，市场的决定性作用日益凸显，法治在经济社会发展的作用也将越来越重要，这种重要性不仅仅体现在法治的深度上，更体现在法治的广度上，包括应用在金融市场、财税体制、产业组织等众多领域上。就财税体制而言，其实在十八届三中全会就要求要落实税收法定原则，从而将税收的法治提升到了一个新的高度。而法治的重要性已不仅体现在政策纲领中，也受到了学者的广泛关注。自 La Porta 等（1998）开创的"法与金融"研究领域以来，法律（包括法律规则、法律执行效率等）对金融市场的影响研究方兴未艾，法治成为一个重要的研究视角，而法治对企业行为的研究也逐渐成为重要的研究议题，已有研究发现，在一个法律对债权人保护较好和法律执行比较好的国家里，企业的融资会更加便利（Demirguc-Kunt and Maksimovic，1998），也有利于提高上市公司投资效率、提高投资的边际价值（万良勇，2013）。

但是，通过对"法与金融"相关研究的文献梳理不难发现，法治的研究对象更多的还是放在企业融资或者企业投资等企业财务方面，鲜有文献会涉及企业的纳税行为方面。而目前研究企业纳税行为的文献也多是从税率、税收执法等税收制度的本身出发，而从制度环境层面研究企业纳税行为的文献并不多，在少量的文献研究中，如吕炜、陈海宇（2015）研究了非税负担对企业纳税遵从的影响，但这些只是局限于制度环境其中的一些方面如产权保护等方面的影响，并没有涉及法治化对企业纳税遵从的影响，即使刘慧龙等（2014）研究了地区市场化水平、政府治理水平和法治化水平对企业实际税率的影响，其中涉及了法治化的影响，但并没有作进一步深入的探讨。作为一种重要的制度质量，地区法治化究竟是如何影响企业纳税遵从度的，其背后的行为逻辑又是什么，对这些问题的把握有益于我们对当前财税热点问题的理解，该怎么去解读依法治税，这些都是值得我们专门加以深入研究的。

在本章我们以《市场化指数》下的"市场中介组织的发育和法律制度环境"的细项得分作为法治化水平的衡量指标，同样以企业报告利润与推算利润的趋近程度作为企业纳税遵从度的刻画指标，并利用中国工业企业微观数据实证检验了地区法治化水平的高低对企业纳税遵从的影响。研究发现，一个地区的法治化水平越高，当地企业的纳税遵从度也就越高；进一步研究来看，分不同的征管机构，无论是国税征管还是地税征管，加强法治均可以提高当地企业的纳税遵从度，并且这一影响没有显著差异；分不同的企业所有制类型，在国企样本中，法治化水平与企业纳税遵从行为两者之间并不存在显著关系，但在私营和外商独资企业样本中，两者却存在显著的正向关系，呈现出较强的企业异质性；分不同的市场化进程，无论市场化进程高低，提高法治化水平均可以显著改善企业的纳税行为，并且法治化对企业纳税遵从度提高的实际效果在市场化进程较低地区要更好。这就告诉我们，根据不同地区的实际情况，视企业类型灵活制定策略，改善一个地区的法治化环境，提高法律执行效率，可以优化企业的纳税行为，并且从长远来看，这也有利于财政收入的稳步提高和企业的发展。

从法治的视角研究企业纳税遵从行为可能也存在几点边际贡献：第一，拓展了"法与金融"的研究，已有的研究就企业融资、企业投资等方面进行了较为详尽的研究，但法治是如何影响企业纳税遵从的却缺乏充分的理论分析和实证检验，本章将"法与金融"的研究拓展到"法与财税"研究领域，为理解法治与企业纳税行为两者关系提供一个全新的研究视角和实证证据；第二，是对研究企业纳税遵

第 8 章　法律制度：法治化水平影响企业税收遵从的实证分析

从行为制度视角的有益补充，在前面我们也已提及，从制度环境视角研究企业纳税遵从行为的文献还比较少见，而专门研究法治对企业纳税行为的研究更是鲜有，在我国当前特殊的体制转轨下，政府对企业的干预仍然比较严重，企业纳税行为深受当地制度环境影响，因此，注重企业纳税行为研究的制度基础，强化"法治"、弱化"人治"就显得十分必要；第三，从政策启示看，本章还进一步探讨了法治对企业纳税遵从的异质性影响，发现这一影响存在企业异质性，但不存在明显的税收征管和市场化进程的异质性，全面考察了法治对企业纳税行为的微观影响，这就启示政府在税收执法的过程中不仅仅要严格依法治税，同时还要视企业异质性等制定更加灵活的税收政策，提高税收政策的执法效率。

8.2　理论分析与研究假说

无论是前面对我国法律制度环境的特征分析还是其对纳税行为的影响分析，我们都已经对法治化有了一个基本性的了解，一方面确实是法治化环境的良善将对经济增长、金融发展、企业纳税行为等都将起到非常重要的作用；另一方面我国当前尚处在向法治化转型的过程中，包括立法、执法、监督在内的诸多环节都存在不同程度上的漏洞，而这些漏洞也构成了法治化进程的现实之约束。其实，在经济学视角下，法律存在的重要原因是要弱化和防范个人机会主义行为，降低人们沟通和协调的成本，提高人们行为预期的确定性（皮天雷，2010）。而对于转型中的国家而言，法律存在的重要意义就在于要规范和约束政府行为、有效保护私有产权、防范和化解企业内部经营风险，从而提高企业投资预期的确定性，这些也是法律制度环境对企业纳税行为的影响途径之所在，通过对外部环境的优化和内部环境的治理共同对企业纳税遵从产生作用。

（1）规范和约束政府行为。

政府与市场关系始终是分析中国现实问题绕不开的一个逻辑线索。虽然说改革开放至今，我国整体的市场化水平已取得了长足的进步，市场在资源配置中的作用也越来越具有决定性，但在转型过程中一个很显著的特征就是改革在政府的主导下进行，这就意味着政府始终掌握着对资源配置的主动权。尽管政府正在逐步退出在竞争性经济领域的参与，但依然会对经济主体的行为进行不同程度的干预，最终还会造成资源配置的扭曲。

而税收作为政府收入的重要来源之一，同时又作为经济调节的重要手段之一，是联接微观经济主体的重要纽带，其税收征纳行为将直接影响企业的纳税行为，主要集中体现在以下几个方面：一是税负对企业税收感知指数的影响，税率高低对企业纳税行为影响是最直观的，如果宏观税负过高，即税收收入占 GDP 的比重过高，或者说税收之外非规范的费用过高的话，企业的税收痛苦指数自然也就会高；当社会财富过多向政府机关或少数利益集团积累的话，企业的发展势必就会受到影响，税收遵从的意愿也会相应下降。二是税收政策对企业纳税遵从的影响，一项税收政策的出台也会对企业的发展产生重要影响，当然影响可能是利好的，也有可能会带来负面效应，甚至对不同企业的影响也会有差异，不仅如此，税收政策在执行的过程中是否出现偏差或异化，最终执行效果如何，还有政策是否具有稳定性和长远性都会影响到企业的纳税遵从度。三是征纳环境对企业纳税行为的影响，如果说税率和税收政策更多的是由中央政府统一制定的，地方政府的可操作空间并不大，那么在具体的税收征管过程中就会存在千差万别，而很多的税收问题，如税务腐败、偷逃税问题大多是在税收执法过程中税务人员放松征管时出现的。而如果能从法律的源头上对政府尤其是地方政府行为进行限定和规范，就会大大降低税务官员在税收执法过程行为异化的可能性，从政府到企业都是按照"规则"行事，而不是靠"人情"

第 8 章　法律制度：法治化水平影响企业税收遵从的实证分析

办事。

（2）有效保护私有产权。

已有多项研究都表明产权保护水平如何对企业发展起着非常重要的作用（余明桂等，2013；刘慧龙、吴联生，2014）。而从我国私有产权保护现状来看，整体而言，政府在对企业私有产权保护方面是在不断进步的，但仍然存在一些突出的问题：一方面，从企业本身的税负来说，企业除了要承受必要的税收负担外，还要承受各种各样的税外负担，而这些税外负担大多是施加在企业身上不同种类的收费及附加，其中，有些费用是对税收形式的重要补充，还有很多种类就没有存在的法理性，随意性和非规范性广受诟病，也成为一些具有腐败倾向的政府官员恣意敛财的重要渠道，对企业发展造成了严重的负面效应；另一方面，除了要面对这个共同的制度环境之外，不同企业之间也存在一种私有产权保护水平的差异，从所有制类型看，尽管私营企业和国有企业在经济和法律地位上差距在逐步缩小，私营企业在经济发展的推动方面起着越来越重要的作用，但是在政策上扶持和私有产权保护方面依旧存有不小的差距，拥有天然"政治名分"的国有企业具有得天独厚的优势，这也就决定了企业在纳税行为、投资行为等很多方面都会因为所有制类型的不同而不同。因此，让税收的征纳法治化在有效保护企业私有产权方面的作用就更加凸显出来，既可以规范政府的乱收费行为，让政府的税收征收制度化和法治化，又可以做到对不同的企业"一视同仁"，每个纳税企业都要接受税收缴纳的法制化的过程，不管是私有企业还是国有企业，最终实现税收征纳的规范化。

（3）有效防范和化解企业经营风险。

良好的法治化环境不仅可以约束和规范地方政府行为、有效保护企业私有产权，还可以有效防范和化解企业经营风险，主要体现在以下两个方面：

第一，加强法治可以有效发挥税收作为一种外部力量，起到公司治理的效果,降低公司股东与管理者之间出现的委托—代理问题。这是因为股东和管理者的这种委托和代理关系本身就具有内在利益不一致的一面,需要一种控制机制来监督和约束管理者的行为,而税收又是政府对企业收益的强制性分享,可以被视作是一种特殊意义上的"股东",税务机关就有潜在的动力去监督任何危害税源的行为。从这个层面看,加强税收法治可以在一定程度上防止企业管理层对股东利益的侵占(Desai et al.,2007;曾亚敏、张俊生;2009)。

第二,加强法治可以提高公司信息的透明度。在企业内部,管理者从自身利益出发,会进行盈余管理,盈余管理虽然说可以降低契约成本,在一定程度上维护管理者或者企业的收益,但如果行为过度,就会损害投资者、债权人以及国家的利益,进而影响企业的形象和声誉,最终不利于企业的长远发展。因此,加强对投资者的法律保护,强化税收征管可以提高公司信息透明度,弱化管理者的盈余管理动机。现有研究也表明高强度的税收征管可以抑制上市公司的盈余管理行为(叶康涛、刘行,2011)。

除此之外,加强法治还会增加大股东利益侵占的违法成本,降低大股东发生"掏空"行为的概率,因为在现代企业中,除了股东与管理者的代理问题之外,还存在大股东与小股东之间的代理问题,在那些股权比较集中的企业里,还会出现控股股东侵占小股东利益的问题(曾亚敏、张俊生;2009)。加强法治同时还可以缓解企业的外部融资约束问题,有利于企业更好地获取银行贷款。因此,从整体来看,加强法治,强化税收征管,发挥税收在企业公司治理中的外部监督作用是可以有效防范和化解企业内部经营风险,而良好的企业内部环境又是企业纳税的必要条件,企业本身只有好好经营才能具备上缴税收的能力。

因此,综合以上分析,提出本章的研究假设:法治化水平越高的地区,企业的税收遵从度也就越高。

第 8 章 法律制度：法治化水平影响企业税收遵从的实证分析

8.3 研究设计

8.3.1 测度方法与计量模型

与前面分析产权保护水平和官员腐败程度对企业纳税遵从行为的影响研究类似，我们首先构建刻画企业纳税遵从度的方程[①]：

$$Z_{it} = d_{it} Y_{it} + e_{it} + \zeta_{it} \tag{8-1}$$

其中，Z_{it}[②]为企业的报告利润，Y_{it}为企业的真实利润，e_{it}为截距项，代表企业真实利润为 0 时报告利润的大小，假定 $e_{it}<0$，ζ_{it} 是均值为 0 的随机扰动项。企业的纳税遵从度 d_{it} 值越高，企业报告的利润就越接近真实值。问题的关键仍然在于我们知道企业的报告利润 Z_{it}，但却不知道真实利润 Y_{it}。对此本章借鉴 Cai 和 Liu（2009）的处理方法，根据国民收入核算的原理计算企业真实利润的替代变量推算利润。

$$推算利润 = 企业总产出 - 工业中间投入 - 财务费用 - 工资支出 - 当期折旧 - 所交增值税 \tag{8-2}$$

但是由于会计准则和国民收入核算两种方法的异同，推算利润 PRO_{it} 与企业真实利润 Y_{it} 会存有差异。因而推算利润并不能直接用作真实利润的代理变量，但理论上两者应该是正相关的，假设两者存在如下关系：

$$Y_{it} = \eta_{it} + PRO_{it} + \theta_{it} \tag{8-3}$$

其中，η_{it} 是未知参数，反映了企业两种核算方法在计算利润时的固有差异，可能大于 0，也可能小于 0。θ_{it} 是期望值为 0 的随机扰

---

① 在企业纳税遵从度的测量方法上与第 6 章和第 7 章都是一样的，这里同样也是出于分析的完整性考虑，故而又赘述一下。

② 这里与第 7 章一样，后面也统一利用 RPRO 来表述。

动项。

将式（8-3）代入式（8-1）得：

$$Z_{it} = d_{it}PRO_{it} + d_{it}\eta_{it} + d_{it}\theta_{it} + e_{it} + \zeta_{it} = d_{it}PRO_{it} + d_{it}\eta_{it} + e_{it} + \varepsilon_{it} \tag{8-4}$$

其中，d_{it}反映了可能影响企业纳税遵从的因素，包括企业的自身特征、所在行业以及所在地区特征等，$\varepsilon_{it} = d_{it}\theta_{it} + \zeta_{it}$为误差项。$d_{it}$越大，企业报告利润与推算利润之间的趋近程度越高，纳税遵从度就越高。

本章重点考察的是地区法治化水平对企业税收遵从的影响，即：

$$d_{it} = \beta_0 + \beta_1 Corr_{pt} + \beta_2 X_{it} + \omega_{it} \tag{8-5}$$

其中，Law_{pt}代表一个地区的法治化水平，X_{it}是企业自身特征的变量，ω_{it}为误差项。将式（8-5）代入式（8-4）可以得到：

$$Z_{it} = (\beta_0 + \beta_1 Law_{pt} + \beta_2 X_{it})PRO_{it} + \alpha_0 + \alpha_1 Law_{pt} + \alpha_2 X_{it} + \mu_{it} \tag{8-6}$$

由于两种核算收入差异η_{it}的大小和符号我们并不知道，无法在回归中直接估计每一个企业的η_{it}值，但它们都已包含在α_0、α_1等中。其中α_0代表截距项，包含β_0、η_{it}和e_{it}等因素。α_1等于β_1与$\overline{\eta_{it}}$（η_{it}的平均值）的乘积。误差项μ_{it}包含ε_{it}、ω_{it}等因素。

我们在式（8-6）的基础上进行拓展，构建了适合本章研究的实证模型：

$$RPRO_{it} = (\beta_0 + \beta_1 Law_{pt} + \sum_{j=2}\beta_j X_{it}^j)PRO_{it} + \alpha_0 +$$
$$\alpha_1 Law_{pt} + \sum_{j=2}\alpha_j X_{it}^j + v_i + v_t + \mu_{it} \tag{8-7}$$

其中，$RPRO_{it}$代表企业的报告利润，v_i是企业层面固定效应，v_t是年份固定效应。本章也控制了企业的实际所得税率（ETR）、企业获取贷款能力（Credit）、企业规模（Size）、会计准则和国民收入核算两种方法的差异（Rsale）、成立时间的长短（Age）等控制变量X。这里本章最关注的是β_1的系数，如果β_1为正，就表明一个地区的法

第8章 法律制度：法治化水平影响企业税收遵从的实证分析

治化水平越高，d_{it} 越大，企业报告利润与推算利润的趋近程度越高，纳税遵从度就越高。

8.3.2 变量选取与数据来源

（1）核心解释变量。

地区法治化水平（Law）：本章选取《市场化指数》下的"市场中介组织的发育和法律制度环境"的细项得分作为法治化水平的衡量指标，一个地区的该项得分值越高表明这个地区的法治化水平越高。

（2）因变量。

本章的因变量是企业纳税遵从，根据前面的衡量方法，我们主要是利用企业推算利润和报告利润的趋近程度进行测度的，其中报告利润直接取自企业的利润总额，并利用企业的总资产进行标准化处理；推算利润是利用国民收入核算方法计算得来，同样利用企业的总资产进行标准化处理。

（3）控制变量。

企业实际所得税率（ETR），以企业实际缴纳的所得税额与税前利润之比来表示；企业获取贷款的能力（Credit），以财务费用与总资产之比来表示；企业规模（Size），以企业职工总数来表示，并做对数化处理；两种核算方法的差异（Rsale），以企业当年销售收入与当年总产值表示；企业年龄（Age），用成立时间的对数来表示。此外，我们还控制了行业和年份效应。

（4）分组标准。

为了进一步考察一个地区的法治化水平对当地企业纳税遵从行为是否存有异质性影响，本章还进行了分组检验，主要是分不同的税收征管机构、企业所有制类型和地区市场化水平几个方面来考察。这几个方面的分组标准我们已在第7章中详细介绍，这里就不再赘述。

(5) 数据来源。

"市场化总指数"[①] 和 "市场中介组织的发育和法律制度环境" 都直接取自樊纲等（2011）编制的《市场化指数》。

本章的企业层面数据来自 2003～2007 年国家统计局的中国工业企业数据库，与第 6 章和第 7 章的数据处理方法类似，我们在本章也对数据进行了同样的预处理，这样，经过处理之后的样本共包含 886211 个观察值，涵盖了 2003～2007 年 347579 家企业，因而这是一个非平衡的面板数据。最后根据每个企业所在的省市代码，将省级宏观数据与企业数据合并在一起。同样，我们在后面的模型回归中也对标准误进行了企业层面的群聚。表 8-1 列示了主要变量的统计性描述结果。

表 8-1　主要变量的描述性统计结果

变量	观测值	均值	方差
RPRO	886211	0.118	0.217
PRO	886211	0.347	0.842
Law	886211	7.635	3.276
ETR	886211	0.179	0.356
Credit	886211	0.0157	0.0333
Size	886211	4.681	0.930
Rsale	886211	0.989	1.016
Age	854752	1.778	0.892
NT	886211	0.326	0.469
Market	886211	8.169	1.666
Soe	886211	0.0365	0.188
Private	886211	0.506	0.500
Foreign	886211	0.0916	0.288
Fine[②]	886211	0.0428	0.0142

---

① "市场化总指数"是作为地区市场化水平的衡量指标，后面异质性检验要用到。
② Fine 代表地区的惩罚力度，是在后面的稳健性检验中要用到的。

第8章 法律制度：法治化水平影响企业税收遵从的实证分析

8.4 基准回归结果

从基准回归结果来看，表8-2中的第（1）列只放入推算利润PRO一个解释变量，R^2表明推算利润能解释企业报告利润差异的12.1%。推算利润与报告利润之间存在显著的正向关系，即推算利润越高，报告利润也越高。

第（2）列放入除法治化水平之外的其他可能影响企业纳税不遵从的自身特征方面的控制变量，R^2上升为17.4%，说明了其他控制变量共同影响了企业的纳税不遵从。

第（3）列放入了法治化水平高低的影响，在没有控制其他相关变量的情况下其与推算利润的交互项系数在1%的水平下显著为正，地区的法治化水平与当地企业的纳税遵从之间呈现出显著的正相关关系。

第（4）列在第（3）列的基础上加入了企业自身特征的控制变量，虽然法治化水平与推算利润交互项的系数有所下降，但仍然在1%的水平上显著。说明一个地区的法治化水平越高，推算利润与报告利润的趋近程度就会越高，其纳税遵从度也越高。这也符合本书的理论分析假说：即一个地区的法治化水平越高，当地企业的纳税遵从度就越高。

基准回归第（4）列的企业特征方面的控制变量系数也比较符合预期：

企业的实际税率ETR与推算利润PRO的交互项系数在1%的水平上显著为负，说明企业面临的实际税率越高，企业的纳税遵从度越低。这是因为，在其他条件不变的情况下，企业面临的实际税率越高，逃税的边际收益也越高，所以企业逃避税的动机也就比较强。

企业获取贷款的能力 Credit 与推算利润 PRO 的交互项系数在 5% 的水平下显著为正，这表明越是容易获取银行贷款的企业纳税遵从度也越高。这是因为银行的贷款可以视为一种对企业财务的外部监管机制。一般来说，从银行的业务性质来看，能获取贷款的企业银行对其规范性和透明性要求本身就比较高，实际上是对企业财务行为的一种约束。如果企业存在严重的逃避税行为，那么势必会对企业的整体形象带来严重的负面影响，今后再要获取银行贷款可能也就比较困难了，这就导致企业逃避税的成本比较高，企业与其要承受逃避税带来的严重后果就不如好好交税。

企业规模 Size 与推算利润 PRO 的交互项系数并不显著。这背后的原因可能是：一方面，规模越大的企业越容易引起税务机关的注意，导致逃避税比较困难；另一方面，逃税本身也具有规模效应，规模越大的企业可能逃税成本也越低（马光荣、李力行，2012），所以两个方面综合效应的结果导致了企业规模对其纳税遵从的影响并不显著。

两种核算方法差异 Rsale 和推算利润 PRO 的交互项系数在 1% 的水平下也显著为正，表明国民收入核算和会计核算两种方法的差异越小，企业的报告利润与推算利润之间越接近，纳税遵从度就越高。在前面纳税遵从度的衡量方法中就已经强调国民收入核算账户和会计核算账户两者本身存在区别，其中最主要的差异就在于两种核算方法在收入的确认标准上，会计核算方法对收入的确认依照的是销售的发生，国民收入核算方法依照的则是生产的发生，因此，两者越接近，表明这种固有的差异就小，误差就越小。

企业的成立时间 Age 与推算利润 PRO 的交互项在 1% 的水平下显著为正。说明企业成立的时间越长，推算利润和报告利润的趋近程度越高，纳税遵从度越高。可能的原因是：企业在成立之初，百事待兴，在财务制度等方面都亟待完善，所以在税收的缴纳上容易出现漏洞。此外，刚成立的企业一般还没有成为当地的税源大户，税务机关

第8章　法律制度：法治化水平影响企业税收遵从的实证分析

对其的稽查力度还比较弱，所以主客观上都为新创办的企业逃避税提供了更加便利的条件。

表 8-2　　　　　　　　　　基准回归结果

	(1)	(2)	(3)	(4)
	RPRO	RPRO	RPRO	RPRO
PRO	0.082*** (0.004)	0.005 (0.019)	0.042*** (0.009)	-0.005 (0.019)
Law			0.002*** (0.000)	-0.010*** (0.000)
PRO × Law			0.007*** (0.001)	0.004*** (0.001)
PRO × ETR		-0.059*** (0.007)		-0.061*** (0.007)
PRO × Credit		0.043** (0.018)		0.046** (0.018)
PRO × Size		0.000 (0.003)		0.000 (0.003)
PRO × Rsale		0.021*** (0.005)		0.020*** (0.005)
PRO × Age		0.007*** (0.002)		0.007*** (0.002)
截距	0.090*** (0.001)	0.007 (0.017)	0.076*** (0.002)	0.058*** (0.017)
行业效应	未控制	控制	未控制	控制
年度效应	未控制	控制	未控制	控制
观测值	886211	854752	886211	854752
R^2	0.121	0.174	0.126	0.177

注：***、**、*分别表示1%、5%和10%下的显著性水平，括号内为标准差。除了第（1）和第（3）列以外各列都放入了控制变量水平项，年份、行业的虚拟变量以及这些虚拟变量与推算利润PRO的交互项，但考虑到篇幅有限，并未在表中一一列示出来。

8.5 异质性检验

为了全面考察法治水平对企业纳税遵从度的影响,接下来本章将进一步考察不同的税收征管机构、不同的所有制类型、不同的市场化进程下法治水平是否会有差异化的影响。

8.5.1 分不同的税收征管机构

仅针对逃避税行为来说,税收执法力度的大小将直接影响到纳税人是否能够逃避税成功。而对于企业来说,国税和地税的执法力度差异将直接影响到其逃避税的实际效果。那么法治化水平对企业纳税遵从的影响是否会因征税机构的差异而不同。之所以要这样考虑,主要也是因为,国税局归国家税务局垂直管理,地税局则归省(市)地税局垂直管理,这也就意味着国税局与地方政府之间并不存在直接的隶属关系,相对比较独立,因而也就较少受到地方政府的干预。此外,在前面我们也一直在强调我国2002年的所得税收入分享改革,这些都为我们分税收征管机构考察法治化水平的影响差异提供了契机。对此,类似前面官员腐败程度对企业纳税遵从影响在征管机构上的异质性分析,该部分我们同样以企业成立的时间在2002年为分界线,将样本按征管机构的不同分为国税和地税两个子样本,结果发现,如表8-3所示,在国税样本中地区法治化水平与推算利润的交互项 PRO×Law 系数在1%的水平下显著为正,而在地税样本中地区法治化水平与推算利润的交互项 PRO×Law 系数在1%的水平下同样也显著为正,也就是说,无论是国税还是地税征管,地区的法治化水平越高,当地企业的纳税遵从度也就越高。

第8章 法律制度：法治化水平影响企业税收遵从的实证分析

表8-3　进一步检验结果（分税收征管机构和企业所有制类型）

	分样本（国税征管）RPRO	分样本（地税征管）RPRO	全样本 RPRO	国有企业 RPRO	私营企业 RPRO	外商独资企业 RPRO
PRO	-0.017 (0.033)	-0.001 (0.022)	-0.006 (0.019)	0.166*** (0.045)	-0.025 (0.028)	-0.083* (0.050)
PRO × Law	0.005*** (0.001)	0.003*** (0.001)	0.003*** (0.001)	-0.000 (0.002)	0.002* (0.001)	0.006*** (0.002)
PRO × Law × badt			0.000 (0.001)			
PRO × ETR	-0.040*** (0.013)	-0.069*** (0.009)	-0.061*** (0.007)	-0.010 (0.008)	-0.051*** (0.010)	-0.058** (0.025)
PRO × Credit	0.017 (0.019)	0.094*** (0.027)	0.046** (0.018)	-0.062 (0.041)	0.036* (0.020)	0.115*** (0.021)
PRO × Size	0.005 (0.006)	-0.002 (0.004)	0.000 (0.003)	-0.015** (0.006)	0.004 (0.005)	-0.017** (0.008)
PRO × Rsale	0.011* (0.006)	0.024*** (0.007)	0.020*** (0.005)	0.009 (0.008)	0.022*** (0.008)	0.018** (0.008)
PRO × Age	0.016** (0.008)	0.005 (0.004)	0.008*** (0.003)	-0.001 (0.004)	0.008* (0.004)	0.008 (0.008)
截距	0.089** (0.043)	0.039** (0.020)	0.058*** (0.017)	0.023 (0.028)	0.038 (0.032)	0.108** (0.043)
行业效应	控制	控制	控制	控制	控制	控制
年份效应	控制	控制	控制	控制	控制	控制
观测值	257608	597144	854752	32117	427941	79242
R^2	0.195	0.177	0.177	0.117	0.196	0.191

注：***、**、*分别表示1%、5%和10%下的显著性水平，括号内为标准差。各列都放入了控制变量水平项，年份、行业的虚拟变量以及这些虚拟变量与推算利润PRO的交互项，但考虑到篇幅的限制，并未在表中一一列示出来。

既然无论是国税征收还是地税征收，加强法治化水平建设均可以提高企业的纳税遵从度，那么这一影响在国税和地税征管样本中是否存在显著差异。为了识别这种差异，我们进一步进行全样本回归，在表 8-3 中的第（3）列加入了 PRO×Law×badt，即推算利润、法治化水平以及是否是国税征管的虚拟变量三项交互项以考察这种变化。结果发现，推算利润和法治化水平的交互项 PRO×Law 系数在 1% 的水平依然显著为正，进一步强化了法治化水平对企业纳税遵从度的正向影响，但我们却发现推算利润、法治化水平和国税征管的交互项 PRO×Law×badt 系数并不显著，说明了法治化水平对企业纳税遵从的影响在国税和地税征管中并没有显著差异。

而在前面官员腐败程度对企业纳税遵从的异质性检验中，腐败对企业纳税遵从的影响在国税征管下不显著，但在地税征管下显著，具有很明显的差异性。但是法治化水平对企业纳税遵从的正向影响却不因征管机关的不同而不同，且也没有明显的显著差异。这也说明官员腐败程度与法治化水平对企业纳税遵从的影响在不同的征管机构中背后的影响机制是不同的，腐败发挥作用是有条件的，但是法治化对企业纳税遵从的影响不因征管机构的不同而不同，无论是国税征管还是地税征管，提高一个地区的法治化水平对当地企业的逃避税行为有着显著的抑制作用，这同时也进一步彰显了依法治税的重要性和必要性。

8.5.2 分不同的企业所有制类型

如果说法治化对企业纳税遵从的影响并不因征税机构的不同而变化，那么是否会因企业所有制类型的不同而发生变化呢，因为无论是在债务融资还是纳税行为上，不同所有制类型的企业可能呈现出不同的特征。因此，我们分国有企业、私营企业和外商独资企业三种类型考察法治化水平与企业纳税遵从两者关系的差异变化。如表 8-3 所示，结果发现，在国企样本中法治水平与推算利润的交互项 PRO×Law 系数并不显著，即法治化水平的提高并没有带来国有企业纳税遵

第8章 法律制度：法治化水平影响企业税收遵从的实证分析

从度的显著提高。可能的原因是：一方面，拥有政治名分的国有企业天然就有着制度的优先保障；另一方面也是因为国有企业本身的制度确立或者经营管理相对比较规范，这就使其受当地制度环境的影响会比较小，无论是较好的制度环境还是较差的制度环境，尤其是对较差的制度环境具有较高的免疫力。所以法治化水平的改善可能并不能带来国有企业纳税行为的改善，也就是说法治水平的高低与否对国有企业的纳税遵从行为影响不大。

在私企样本中，如表8-3所示，法治化水平与推算利润的交互项 PRO×Law 系数在10%的水平下显著为正，表明法治化水平越高的地方，当地私营企业的纳税遵从度就越高。这说明在我国目前特殊的转轨背景下，缺乏政治名分的私营企业很多行为都深受当地制度环境的影响，是内生于当地制度环境的，并且逐步适应当地环境，趋利避害。即，在一个较差的制度环境里，法治化水平较低的地区，私营企业的逃避税行为可能会比较严重，反之在一个良好的制度环境里，法治化水平较高的地区，私营企业的逃避税行为可能也会比较轻，纳税遵从度就会比较高。也就是说，法治化水平对私营企业来说不再是没有影响的条件，而是发挥着显著作用的重要条件。

对于国企和私企来说，法治化水平对其纳税遵从的影响与官员腐败的影响效果相似，尽管背后的作用机制可能不同，但均是在国企样本中不显著，在私企样本中显著。而明显不一样的是外商独资企业，对外商独资企业来说，官员的腐败程度对其纳税遵从行为的影响并不显著，其自身对腐败就有着较高的免疫力，但是法治化水平对其纳税遵从行为却有着显著的正向影响。如表8-3所示，在外商独资企业样本中，法治化水平与推算利润的交互项 PRO×Law 系数在1%的水平下显著为正，即法治化水平越高，外商企业的纳税遵从度就越高。背后的原因可能是：经营相对规范，会计核算相对明晰的外商企业本身就对外在的制度环境要求比较高，对于当地的法律制度是否完善，官员是否按照法律制度进行公务的执法，即到底是"法治"还是"人治"都有很高的要求。所以法治化水平较高的地区，当地外商企业对税法的遵从度自然也就越高。

这里，还需要额外关注的是企业规模系数的变化，在前面我们的基准回归中企业规模对其纳税遵从的影响均不显著，但是在我们分企业所有制类型的样本中却发生了较为显著的变化。如表8-3所示，在国有企业样本中，推算利润与企业规模的交互项 PRO×Size 系数在5%的水平显著为负，规模越大的企业纳税遵从度越低。类似地，在外商独资企业样本中，推算利润与企业规模的交互项 PRO×Size 系数也是在5%的水平下显著为负，企业规模与其纳税遵从行为之间存在显著的负向关系。

上述结果也印证我们在前面提及的企业规模对其逃避税影响的规模效应机制，即规模越大的企业逃避税的成本越低，此外，大企业也能够有更多的资源进行税务筹划，与当地政府建立政治关系也比较容易，这些都致使规模大的企业逃避税更加严重，纳税遵从度更低。而私企就不一样，在私企样本中，推算利润与企业规模的交互项 PRO×Size 系数依然不显著，表明企业规模的大小与否对其纳税遵从的影响并不大。这其中背后的作用机制可能是：一方面，较于制度这一变量，规模可能并不是一个重要的影响变量；另一方面，规模越大的企业很可能同时也是当地的纳税大户，这样一来，天然缺乏政治名分的私营企业很可能成为当地税务机关重点稽查对象，使逃避税反而变得比较困难。所以很多原因的交织下导致了企业规模对私营企业纳税遵从没有显著的影响。

8.5.3 法治的实际效果分析

法律的实际效果不仅仅取决于法律条文，更是深受制度环境的影响（万良勇，2013）。一个地区光有完善的法律制度是远远不够的，

第8章　法律制度：法治化水平影响企业税收遵从的实证分析

关键还在于对法律制度的实际执行，这也就说我们不仅仅要强调"法制"的必要性，还要注重"法治"的重要性。而法治的实际效果究竟如何也是深受当地具体环境的制约。一般来说，如果一个地区的市场组织发育比较良好，政府对市场的干预得当，即一个整体上市场化进程比较快的地区，其法制的执行效果就可能比较好，那么法治化对企业逃避税的约束也就比较高，企业整体的纳税遵从度也就会高；反之，法治化对企业逃避税的约束力度可能就会有所弱化，企业的纳税遵从行为就会受到影响。但加强法治化建设对当地企业纳税遵从度提高的实际效果要更强。对此，为了更加深入分析法治化对企业逃避税约束的实际效果，我们考察了不同市场化程度下法治化对企业纳税遵从行为的影响。

首先来看分样本的检验结果，观察不同市场化进程下法治化水平对企业纳税遵从的影响。如表8-4所示，在市场进程较高的地区，法治化水平与推算利润的交互项PRO×Law系数在10%的水平下显著为正，表明加强法治化建设可以显著提高当地企业纳税遵从度；在市场化进程较低地区，法治化水平与推算利润的交互项PRO×Law系数在5%的水平下显著为正，两者依然呈现出显著的正相关关系，表明加强法治化建设也可以显著提高当地企业的纳税遵从度。也就是说，无论市场化进程高低与否，法治化水平的提高都可以显著提高企业的纳税遵从度。

既然都可以提高企业的纳税遵从度，那么程度上是否一致，即法治化对企业纳税遵从度的影响在市场化进程高和低的地区是否存在显著差异。对此，我们在基准回归模型的基础上加入了推算利润、法治化水平以及市场化进程三者的交互项PRO×Law×Market进行全样本回归。结果发现，如表8-4所示，三者的交互项系数在1%的水平下显著为负，这就表明，较于市场化进程较低地区，市场化进程比较高的地区，法治化水平与企业纳税遵从度的正向关系有所减弱，即法治化水平对于抑制企业逃避税行为的作用反而弱化了。这个看似有所反常的结果恰好说明，在法治化进程较高地区，由于制度都相对完善，法治化水平对于抑制企业逃避税的空间反而有限，法治化的实际效果相对也会小一些；但在市场化进程较低地区就不一样了，在这些地方，很多方面的制度都亟待完善，加强当地的法治建设，特别是提高税务机关的依法治税能力将会大大改善企业的纳税行为，提高企业的纳税遵从度，从而法治化带来的实际效果要更强。这同时也启示我们，不管市场进程高低与否，加强法治化建设都可以提高当地企业的纳税遵从度，但加强市场化进程较低地区的法治化水平建设作用要更强，实际效果要更好，这也是当前我国特殊转轨时期需要特别注意的。

表 8 – 4 进一步检验结果（考虑法治的实际效果）

	分样本（市场化进程高）	分样本（市场化进程低）	全样本
	RPRO	RPRO	RPRO
PRO	0.382 *** (0.138)	-0.059 ** (0.024)	-0.048 ** (0.021)
PRO × Law	0.003 * (0.002)	0.017 *** (0.002)	0.015 *** (0.002)
PRO × Law × Market			-0.008 *** (0.001)
PRO × ETR	-0.109 *** (0.013)	-0.058 *** (0.009)	-0.063 *** (0.007)
PRO × Credit	0.164 *** (0.052)	0.031 * (0.018)	0.039 ** (0.018)
PRO × Size	-0.002 (0.003)	-0.001 (0.004)	-0.001 (0.003)
PRO × Rsale	0.007 * (0.004)	0.023 *** (0.007)	0.020 *** (0.005)
PRO × Age	0.003 (0.004)	0.008 *** (0.003)	0.007 *** (0.002)

第8章 法律制度：法治化水平影响企业税收遵从的实证分析

续表

	分样本（市场化进程高）	分样本（市场化进程低）	全样本
	RPRO	RPRO	RPRO
截距	0.134 (0.108)	0.008 (0.022)	0.060*** (0.017)
行业效应	控制	控制	控制
年份效应	控制	控制	控制
观测值	398219	456533	854752
R^2	0.137	0.192	0.180

注：***、**、*分别表示1%、5%和10%下的显著性水平，括号内为标准差。各列都放入了控制变量水平项、年份、行业的虚拟变量以及这些虚拟变量与推算利润PRO的交互项，但考虑到篇幅的限制问题，未在表中逐一报告出来。

8.6 稳健性检验

为了确认上述法治水平与企业税收遵从两者关系的可靠性，本章将从样本干扰、上年报告利润、本年推算利润、惩罚力度等几个方面进行稳健性检验，发现本章的主要研究结论并未发生改变。

第一，考虑样本干扰。与第6章和第7章中稳健性分析类似，这里，我们也以剔除报告利润大于推算利润后的567213个样本观察值进行重新检验。从表8-5的第（1）列可以看出，法治化水平与推算利润PRO的交互项系数在1%的水平下依然显著为正，样本的干扰并没有导致本章研究结论的偏差，主要结论依然成立。

第二，考虑报告利润滞后一期的影响。与第7章中稳健性分析类似，我们在基准回归的基础上也加入报告利润RPRO滞后一期lagRPRO的影响。表8-5第（2）列的回归结果显示，上年报告利润lagRPRO与本年推算利润PRO的交互项回归系数显著为正，说明上一年报告利润比较高的企业当年逃避税就比较困难，同时法治化水平与推算利润的交互项系数依然显著为正，主要结论依然成立。

第三，考虑本年推算利润。类似地，我们也在基准回归的基础上加入了推算利润的二次项（PRO×PRO），考察企业自身推算利润的高低对其纳税行为的影响。表8-5第（3）列的回归结果显示，推算利润的二次项（PRO×PRO）系数在1%的水平下显著为负，表明企业的推算利润越高，其纳税遵从度就越低，同时法治化水平与推算利润的交互项系数依然显著为正，本章的主要结论依然成立。

第四，考虑惩罚力度的影响。早期的A-S模型认为税率、稽查力度以及惩罚力度是影响个人所得税逃税的三个重要因素，加大惩罚力度可以对纳税人的逃税行为起到震慑作用。类似地，我们认为惩罚力度的增强同样也会对企业所得税的逃税起到威慑作用，从而提高企业的纳税遵从度。对此，我们以罚没收入与一般预算收入的比值作为一个地区当年惩罚力度的衡量指标考察惩罚力度的强弱对企业纳税遵从的影响。我们在基准回归的基础上加入当年的惩罚力度变量Fine，表8-5第（4）列的回归结果显示，惩罚力度与推算利润的交互项PRO×Fine系数在5%的水平上显著为正，与A-S模型理论分析的结果一致，表明一个地区的惩罚力度越大，当地企业的纳税遵从度也越高，同时法治化水平与推算利润的交互项系数依然显著为正，本章的主要结论依然成立。

表8-5　　　　　　　　稳健性检验结果

	(1)	(2)	(3)	(4)
	RPRO	RPRO	RPRO	RPRO
PRO	-0.117*** (0.025)	-0.021 (0.022)	0.003 (0.019)	-0.035 (0.022)
PRO×Law	0.003** (0.001)	0.005*** (0.001)	0.003*** (0.001)	0.005*** (0.001)
PRO×lagRPRO		0.035*** (0.007)		
PRO×PRO			-0.001*** (0.000)	

第8章 法律制度：法治化水平影响企业税收遵从的实证分析

续表

	（1）	（2）	（3）	（4）
	RPRO	RPRO	RPRO	RPRO
PRO × Fine				0.425** (0.197)
PRO × ETR	-0.062*** (0.009)	-0.069*** (0.008)	-0.065*** (0.007)	-0.060*** (0.007)
PRO × Credit	0.057*** (0.019)	0.058*** (0.017)	0.054*** (0.018)	0.046*** (0.018)
PRO × Size	0.005 (0.004)	0.001 (0.004)	0.001 (0.003)	0.001 (0.003)
PRO × Rsale	0.142*** (0.009)	0.020*** (0.006)	0.016*** (0.005)	0.020*** (0.005)
PRO × Age	0.008*** (0.003)	0.005* (0.003)	0.007*** (0.002)	0.007*** (0.002)
截距	0.048* (0.028)	0.064*** (0.023)	0.057*** (0.017)	0.052*** (0.018)
行业效应	控制	控制	控制	控制
年份效应	控制	控制	控制	控制
观测值	567213	642924	854752	854752
R^2	0.276	0.188	0.180	0.177

注：***、**、*分别表示1％、5％和10％下的显著性水平，括号内为标准差。各列都放入了控制变量水平项，年份、行业的虚拟变量以及这些虚拟变量与推算利润PRO的交互项，但碍于篇幅限制，并未在表中一一列示出来。

8.7 税收征管："人治"还是"法治"

本章从制度环境的第三个维度——法治化水平出发，详细探讨了法治水平的高低对企业纳税遵从的影响。我们首先从总体上考察了两者的关系，在简单控制了一些可能影响企业纳税行为的企业自身特征后，基准回归结果表明，一个地区的法治化水平越高，企业纳税遵从度也越高。然而，考虑到税收执法因素、企业的所有制类型等都很有可能对企业纳税行为产生重要的影响，我们在基准回归的基础上又作了进一步的异质性检验。研究发现：

分不同的征管机构，无论是国税征管还是地税征管，法治化水平越高的地区，当地企业的纳税遵从度也越高，并且这一影响在国税和地税样本中并未有显著差异，即法治对于抑制企业逃避税的作用对于国税和地税来说同样重要。

分不同的企业所有制类型，在国企样本中，法治化水平与企业纳税遵从行为两者之间并不存在显著关系，但在私营和外商独资企业样本中，两者却存在显著的正相关关系，即加强一个地区的法治化建设能够显著提高当地私营企业和外商独资企业的纳税遵从度，呈现出较强的企业异质性。

分不同的市场化进程，无论是在市场化进程高或低的地区，提高法治化水平均可以显著改善企业的纳税行为。再进一步考察这一影响是否存在显著的差异，结果发现，法治化对于抑制企业逃避税的作用在市场化进程较高的地区反而有所弱化，实际效果不如市场化进程较低地区好，不过这也恰恰说明，正是因为在市场化进程较低的地区，很多制度都较为不规范，法治化治理的作用空间才会更大。

本章的研究结论也具有一定的政策启示意义：

第一，对于纳税的主体——企业来说，企业的纳税行为如何不仅受内部治理是否良善的影响，还深受外部治理环境的影响，在很大程度上是内外部治理机制共同作用下的结果。也就是说，改善企业的外部治理环境、提高地区的法治化水平能够显著优化当地企业的纳税行为，提高企业纳税遵从度，即使内部治理良好如外商独资企业，外部治理环境——法治化水平的提高依然可以显著改善其纳税遵从行为，更不要说本身就深受外部治理环境制约，内部治理制度还亟待完善的私营企业。

第二，对于征税的主体——税务机关而言，税收机关的执法力度

第 8 章　法律制度：法治化水平影响企业税收遵从的实证分析

强弱，是靠"法治"还是依靠"人治"，都是直接关乎实际能够征收多少税款的重要命题。而我们的研究结论也表明无论是在国税局征管还是地税局征管下，依靠"法治"，加强税收执法力度都能显著抑制企业的逃避税行为，提高企业的纳税遵从度，这也充分昭示了征税机构的"依法治税"对于改善大的税收征纳环境的重要性。

第三，当前我国正处在全面转型的关键时期，法律的作用将会越来越重要，这种重要性不仅体现在我国当前的法律制度要有多完善上，还体现在现行的法律制度能有多少被有效执行上，执行的实际效果怎样才是检验我国现行法律制度对经济社会行为主体的约束力的重要标准。因此，从目前形势来看，重要的不仅仅是法律的立法完善，更重要的是法律的执行力度，全面实行法治，规范和约束政府的行为，为企业创造一个良好的成长和发展环境。

基于制度环境视角的
企业税收遵从
行为研究

Chapter 9

第9章 主要结论、政策建议与研究展望

第9章 主要结论、政策建议与研究展望

9.1 研究结论

本书综合运用理论分析、实证检验等多种研究方法对企业税收遵从问题进行了全面的剖析,得出了一系列的研究结论。

(1)基于微观数据的中国企业税收遵从的基本判断是第一个研究发现。第一,从整体来看,大多数工业企业的实际税率均小于法定所得税率,甚至是远远低于,这也充分表明我国企业的税收遵从程度还偏低,尚有较大的提升空间。第二,以中国工业企业数据库中2005年、2006年、2007年的数据为代表,发现大多数企业的实际税率在样本区间内不是逐渐提升的,反而呈现出逐年递减的趋势,从时间的纵向比较维度上进一步反映出我们企业纳税不遵从问题严重的事实,随着时间的推移,税收不遵从问题不仅没有得到有效解决,反而是更加严重。第三,从横向比较来看,分不同所有制类型,私营企业实际税率最高,具有较高的税收遵从度,外资企业的实际税率最低,国有企业的实际税率也偏低,略高于外资企业;分不同地区,东部地区企业的实际税率最高,中西部地区比较低;分不同行业,像烟草这些国家提倡抑制消费的行业以及石油、印刷等传统行业的企业实际税率普遍比较高,而像通信电子设备这些正处于迅速发展的高新技术行业或者农副产品加工等生活必需品行业的企业实际税率比较低;分不同规模企业,大企业的实际税率比小企业的实际税率低;分不同生命周期企业,初创期企业的平均实际税率是最低的,成长期企业的平均实际税率最高,成熟期企业的平均实际税率略低于成长期企业;分不同税收征管强度,在较高的税收征管强度下,企业的实际税率也更高。

(2)处于由计划经济向市场经济的转型期,中国既面临着转型国家的共同困境,又具备自身转轨的特殊性,这种特殊性体现之一就

是"渐进改革"的逻辑,渐进性是理解我国体制转轨的重要线索。循着这条逻辑主线,实现了我国经济的平稳着陆,完成了经济、政治、社会等全方位的初步转型,但同时又因为地理位置、资源禀赋、国家政策等方面的原因导致我国的制度环境差异很大,呈现出不同的表现特征:

第一,从经济特征看,从单一的公有制经济到多种所有制经济共同发展再到鼓励和引导非公有制经济,从全能主义政府到全能主义和适度分权相结合再到政府与市场相分离,各自职能明确,从市场在资源配置中的"辅助性"作用到"基础性"作用再到"决定性"作用,无不反映出市场化进程正在逐步推进,而政府的经济性功能在逐步退化,服务性功能正在逐渐加强。虽然从整体上看我国市场化进程加快,但不同区域间的差异却很明显。以《市场化指数》下的总得分作为衡量标准,1998~2009年,我国市场化进程总体得分值是在不断提高的,但区域差距较大,东部地区是市场化进程最快的地区,遥遥领先于其他地区,西部地区则是进程最慢的地区。

第二,从政治特征看,在我国经济快速增长的过程中,腐败也迅速蔓延开来,而且市场化的推进和新旧体制的交互又带来了新的腐败问题。利用《中国检察年鉴》历年公布的相关腐败数据,分析发现,1998~2011年,我国腐败案件数有一个波动的过程,但整体上是趋于下降趋势的。结合我国的市场化进程分析还发现,市场化进程的加快反而带来了腐败案件的多发,也就是说快速推进的市场化进程和高频发生的腐败案件是同时存在的。而且分区域来看,东北地区是腐败案件发生率最高的区域,西部地区最低。具体到各省区市上,广东、甘肃和四川腐败案件数最少,而黑龙江、天津和吉林最多。深入分析我们还发现这样一个事实,经济不发达的地区腐败相对较轻,可见经济发展水平的高低与腐败案件数的多少并不存在一个必然的联系。

第三,从法律特征看,作为一个向市场经济体过渡的转轨国家,我国无论是市场中介组织发育还是法制化环境都还存有不尽完善的地方。不仅缺少高水平的从事资信评估、业务代理等方面的市场中介组织，我国的法律法规体系在制定、执行以及监督方面均存在很多的问题。以《市场化指数》下的"市场中介组织的发育和法律制度环境"作为衡量指标来考察我国法律制度环境的动态变化，从总体看我国的法律制度环境正在逐步改善。分区域看，东部地区的法律制度环境最好，而且还高出全国平均水平，其他三大区域，东北地区法律环境相对较好些，西部地区最差，中部地区略优于西部，但两个地区均低于全国平均水平，不过近几年来也呈现出快速优化的趋势。与腐败和经济发展关系不同，法律制度环境与经济发展水平基本上是成正比的，即经济发展水平越高的地区法律制度环境也越好。

（3）无论是中国企业税收遵从情况，还是中国制度环境特征，都只是各自的单线判断，而制度环境是如何作用于企业纳税行为的，形成机理是什么，我们进行了定性上的剖析，分析认为：

第一，经济制度和企业纳税遵从，从税制设计上看，首先，税负高低将直接影响企业纳税遵从度，但我们认为税率的过高或过低都不利于企业纳税行为的改善，税率过高会导致企业税收负担过重，不利于企业的长远投资和发展，而税率过低又会影响政府的财政收入，弱化政府的公共服务建设能力，最终又会传导到对企业的负面影响上来。其次，一项税收政策的出台及其内在稳定性如何也会影响到企业的纳税行为，如果税收政策波动较大就会破坏企业的稳定预期，降低企业纳税遵从度。最后，征税环境如何也会影响企业的纳税行为，公平公正与高效的税收征管环境将会大大降低企业的税收遵从成本，提高企业税收遵从度。从产权安排上看，当政府对企业产权保护水平较高时，企业的纳税遵从意愿就会比较高，可能会按时足额缴纳税款；反之，当政府对企业产权保护水平较弱时，企业的纳税遵从意愿也会相应降低。

第二，政治制度和企业纳税遵从，就政治制度而言，理解地方政府行为是分析企业纳税行为的重要线索。

第三，法律制度和企业纳税行为，市场经济说到底也是法治经济，不仅要规范市场主体的行为，同样还要约束政府的行为，尤其是政府的征税行为。如果征税不能被法定，而是依靠税收征管人员的"人治"，具有较大的随意性，在一定程度上就会破坏企业生产和投资的稳定预期，反过来又会影响企业的纳税行为。所以"法治"的重要性已是毋庸置疑，而且"法治"强调的是法律执行的实际效果，绝不能等同于"法制"。对于"税收法治"来说，"税收法治"的核心要义就在于"限制政府权力，保障公民权力"，不仅是为征税人行使征税权利提供法律依据，还要为纳税人履行纳税义务提供法律保障。"法治"化是大的历史趋势，实行"税收法治"也是规范企业纳税行为的重要保障。

（4）虽然说我们对制度环境与企业税收遵从之间关系已作简单的理论分析，但在实际中的关系如何，又是怎么影响机理，尚待在实证中进一步检验。在实证检验中，我们对制度环境进行了分维度分析。

经济制度是本书分析的第一个维度，主要考察的是产权保护水平对企业税收遵从的影响。以企业报告利润与推算利润趋近程度作为企业税收遵从程度的测量指标，两者越趋近表明企业税收遵从度越高。以《市场化指数》下的细项得分"减轻企业的税外负担"作为产权保护水平的衡量指标，企业的非税负担越轻，表明政府对企业的产权保护水平越好。本书利用2003~2007年的中国工业企业数据库微观数据和省级宏观数据，实证考察了企业的实际所得税率、非税负担以及纳税遵从三者之间的关系。研究发现：企业的实际所得税率越高其纳税遵从度就越低；企业的非税负担越轻，即政府对企业的产权保护水平越高，其纳税遵从度也越高；而且减轻企业的非税负担还可以弱化实际所得税负提高带来的企业纳税遵从度下降或逃避税恶化的负面影响。这表明，减轻企业的非税负担，保护企业的私有产权不仅可以直接提高企业的纳税遵从度，还可以对税率变化与企业纳税遵从两者

第9章 主要结论、政策建议与研究展望

的关系起到一定的调节作用。

本书的研究结论也蕴含着重要的实践启示：一是从财政收入看，虽然减轻企业非税负担，较好保护企业私有产权可能会带来政府非税收入的减少，政府财政收入的下降，但却可以提高企业税收遵从度，从而增加实际征收上来的税收收入，结构上呈现"此消彼长"之势；二是从财政政策看，"减税"可以提高企业税收遵从度，"减费"具有同样效用，而且"减费"的政策效果可能要更强，所以仅仅"减税"还不足，"减税"还需"减费"。

（5）政治制度是本书分析的第二个维度，我们在书中第7章实证考察了政治制度对企业税收遵从的影响。对于政治制度，我们重点考察的是政府官员的腐败程度。在实证检验之前，我们首先建立了一个小的理论模型来模拟税务官员与纳税企业之间的关系。我们的理论模型是建立在GSG（1991）的理论分析框架基础上，构建了一个符合中国企业所得税逃税的理论模型。理论研究结果表明，官员较高的腐败概率会增加逃税的边际收益，降低企业的税收遵从度。随后，本书利用2003~2007年中国工业企业数据库微观数据和《中国检察年鉴》宏观数据对政府腐败程度与企业税收遵从的关系进行了实证检验，结果发现，一个地区的官员腐败程度越高，当地企业的税收遵从程度越低，与本书的理论分析结果是一致的。除了对两者关系的总体性考察之外，本书还进行了分组检验以考察其中可能存在的异质性影响。具体地，本书按照税收征管机构、地区市场化水平、企业所有制类型、地方政府财政压力的不同对样本进行分组，研究发现，官员腐败程度与企业税收遵从显著的负向关系只在地税征管、市场化水平较低地区、私营企业以及地方政府财政压力较小时出现，其他情形下均不显著，呈现较强的异质性特征。

本书的政策启示也十分清楚：一是从提高企业税收遵从度来看，地税征管、市场化水平较低地区、私营企业以及地方政府财政压力较小时的税收征纳情况都是需要我们予以重点关注的；二是从抑制官员

腐败上看，腐败是有其作用的路径和条件，反腐不能"一刀切"，更多的是要遵循腐败发生作用的规律，具体问题具体分析，讲究反腐的策略性。

（6）法律制度是本书分析的第三个维度，在书中第7章实证考察了法治化水平对企业税收遵从的影响。同样也是利用宏微观匹配的数据，首先从总体上考察了两者的关系，结果表明，一个地区的法治化水平越高，企业纳税遵从度也越高，两者呈现出显著的正相关关系。考虑到可能存在的异质性影响，按照征管机构的不同、企业所有制类型的不同以及地区市场化水平高低的不同对样本进行了分组检验。进一步检验发现：

分不同征管机构，无论是国税还是地税征管，法治化水平越高的地区，当地企业的纳税遵从度也越高，并且这一影响在国税和地税样本中并没有显著差异。

分不同企业类型，对国企而言，两者并不存在显著关系，但对私营和外商独资企业而言，两者却存在显著的正向关系，说明加强一个地区的法治化建设能够显著提高当地私营企业和外商独资企业的纳税遵从度，呈现出较强的企业异质性。

分不同市场化水平，无论市场化程度高或低，提高法治化水平均可以显著提高企业的纳税遵从度，但在市场化进程较高地区法治化的作用反而有所弱化，实际效果不如在市场化进程较低地区好，不过也恰好说明，低市场化水平下较多不规范的制度为法治化提供了更大的作用空间。这同时也启示我们，要更加注重市场化进程较低地区的法治化环境建设，这是当前我国转轨时期需要特别注意的。

本书的研究发现为我国的"税收法治"提供了强有力的经验证据，与"人治"相比，让税收征管"法治化"能够显著改善企业纳税行为，提高企业纳税遵从度。但是，仅"依法治税"还不够，还要视企业异质性等制定更加灵活的税收政策，提高政策的执法效率。

第 9 章　主要结论、政策建议与研究展望

9.2　政策启示

本书的研究结论也具有一定的政策启示：

（1）本书的研究结论对于征纳主体双方——税务机关与纳税企业都具有较强的政策启示。对于纳税的主体——纳税企业来说，企业的纳税行为如何不仅受内部治理环境的影响，同时还深受外部治理环境的制约，实际上是内外部治理机制共同作用下的结果。虽然说企业目标是追求自身利润最大化，纳税不遵从有其内在利益驱动的原因，但外部制度环境的良善会显著改善企业的纳税行为，提高企业的纳税遵从度。本书的实证结果也已经证明政府对企业较高的产权保护水平、政府自身较高的廉洁程度以及地区发育较为完善的中介组织和法律制度都会使企业的报告利润趋近于其推算利润（近视于真实利润），企业的纳税遵从度也越高。而对于征税主体——税务机关来说，税收机关是向企业施以"援助之手"还是"攫取之手"，税收执法异变的可能性有多大，是靠"法治"还是依靠"人治"等，都直接关乎税收收入的多少。而本书的研究结论也表明，无论是在国税局征管还是地税局征管下，依靠"法治"，加强税收执法力度都能显著抑制企业的逃避税行为，提高企业的纳税遵从度。可见，规范征税人员行为，加强对其公共权力的限制与监督，让税收征管"法治"起来，优化大的税收征纳环境是企业纳税遵从度提高的重要前提条件。

（2）本书的研究结论对于我国的财税政策实践也具有重要的启示。随着我国经济增长进入"新常态"，财政收入增长也随之步入"新常态"，增长开始乏力，甚至部分省份还出现了负增长，形势十分严峻。在现行财政体制下，财力层层上移，事权却层层下移，地方政府出现了财力与事权严重错配的情况，地方财政本就困难重重，而当前的财政收入"慢增长"对地方政府而言无疑更是"雪上加霜"。

如何缓解当前的财政收入困境就成为当务之急。直观上反应，"增税"无疑是现实之举。但是，越是这个时候，越不能贸然采取"增税"措施，不能以纳税人税负的增加来换取财政收入的增长，这样只能换来财政收入的暂时性增长，从长远来看最终是不利于财政收入持续性增长的。越是在这个时候，越是要为纳税人减轻税收负担，提高纳税人的税收遵从度，把应收的税收收入征收上来，提高税务机关实际征收税款的比重，不盲目提高税负而是向税收征管要效益，不是去广开税源而是要涵养税源，这是站在我国财政收入长效增长机制上考虑的。

那么，又该如何为纳税人减负呢，"减税"还是"减费"？从现实国情出发，考虑到当前我国实现城镇化、农业转移人口市民化等多重目标的艰巨任务，政府财政还将在一个较长时期内保持大规模的刚性开支，而且"营改增"政策更是直接带来了地方税系的"财政危机"，在当前地方税系尚未重构的情况下，从税收角度去探讨为企业减负的空间并不大。但是，如果我们能认识到在我国"税不重"而"负担重"的深层次原因是在于企业非税负担较重的事实，基于本书的研究结论，减轻企业的非税负担同样可以提高企业税收遵从度，而且以非税负担作为企业纳税遵从度的调节因子空间会更大，调整非税收入的政策效果要更强。因此，就现阶段而言，"清费立税"，为企业"减费"，调整政府税费结构，让费用的征收落在合理区间内，落实税收法定主义原则是当务之急。

（3）本书的研究结论对于政策的具体执行也具有一定的实践启示。就事物的发展规律而言，事物的作用效果不仅是有条件的，而且还会随着条件的转移而发生变化。为了捕捉这种变化，更加深入探寻制度环境与企业税收遵从背后的发展规律，我们在书中的第7章和第8章除了总体性分析之外，还具体进行了异质性研究，兼顾了对税收遵从的一般性和特殊性分析。研究的结果也恰好说明了矛盾存在的普遍性和特殊性。

第 9 章　主要结论、政策建议与研究展望

在第 7 章中，虽然从总体上看，腐败对于企业税收遵从有着显著的负面影响，但这一影响效果却随着具体条件的转移而发生变化，例如，在地税征管下就是显著的影响，而在国税征管下就不显著；在市场化水平较低的地区显著，但在较高的地区就不显著；在私营企业中显著，在国企和外商独资企业中就不显著；在地方政府财政压力较小时显著，在压力较大时不显著。

在第 8 章中，总体上看，法治化水平与企业税收遵从之间有着显著的正相关关系，但这一关系是否也会随着条件的转移而发生变化呢？研究发现，这一关系在私营和外商独资企业中显著，但在国企中就不显著；在不同的征管机构中和不同的市场化水平地区就没有明显的差异，无论是国税征管还是地税征管以及不论市场化水平高低，提高法治化水平均可以显著提高企业的税收遵从度。所以说，腐败有着自己的影响路径与规律，而法治则又有着自己不同的作用路径。

这就启示我们，在政策的具体执行过程中，要具体问题具体分析，在提高企业税收遵从的过程中，哪些情况是需要我们重点关注的，而哪些情况又是不需要我们考虑的，要抓住主要矛盾。而就腐败的预防与治理而言，不同客体对腐败的"免疫力"是有差别的，腐败发挥作用是有条件的。因此，反腐政策的制定绝不能"一刀切"，而是要实行差异化策略。只有这样，既抓住了问题的主要矛盾，同时又具体问题具体分析，才能有针对性，提高政策执行的效率。

（4）从我国转轨体制的大背景来看，尤其是当前我们经济和社会都处于深度转型期，政府该如何摆正位置，或者说政府与市场关系如何将产生重要影响。事实上，尽管我们探讨的是制度环境与企业税收遵从的关系，但这背后本质上揭示的还是政府与市场的关系。无论是当前较弱的产权保护水平、官员自身较高的腐败程度还是地区较低的法治化水平对企业税收遵从构成的制约，反映其实就是扭曲的政府与市场的关系。可以说，政府与市场关系始终都是经济体制改革中的核心问题，从党的十四大提出要发挥"市场的基础性作用"到党

的十八届三中全会中的"市场的决定性作用",改革每向前推进一步,对政府和市场的关系认识就又进了一步。但是至今政府与市场关系仍然没有调整到位,政府的"越位"和"缺位"现象依旧频发。"越位"的典型表现便是政府在经济生活中对市场主体干预的范围和力度过大,结果不仅妨碍了市场机制作用的有效发挥,降低了资源配置效率,还在一定程度上成为政府官员"寻租"腐败的前提。因此,从根本上看,企业纳税行为的改善依赖于政府与市场之间关系的改善,政府要加强产权保护制度建设、加强自身的廉政能力建设、加快完善法治化建设,同时减少对经济社会资源的直接配置,向市场放权,为企业创造一个良善的投资和发展环境。

9.3 研究不足与展望

由于纳税行为的复杂性、纳税遵从影响因素的多重性、纳税遵从测度和相关数据获取的难度,以及受本人研究水平的限制,本书还不尽完善,存在以下几点不足:

(1) 研究的客体对象尚不够全面。本书的研究对象集中在企业的税收遵从行为上,而税收遵从行为本身就具有复杂性:首先,从税收遵从行为的主体来看,税收遵从行为既会涉及纳税人的纳税遵从行为也会涉及税务机关的征税遵从行为;其次,即使是纳税遵从行为,也分为个人的纳税遵从行为以及企业的纳税遵从行为;最后,从涉及的税种来看,包括所得税、增值税、消费税以及关税等都有可能会涉及税收的流失问题,但我们关注的是企业纳税的所得税遵从研究,研究的对象可能过于局限,因此没有办法很好地全面考察税收遵从问题。

(2) 研究因素还可进一步广化。影响税收遵从的因素有很多,包括税负、惩罚程度、稽查概率、纳税成本、征管服务,甚至包括文

第9章 主要结论、政策建议与研究展望

化认知、道德约束等很多方面都可能会对企业税收遵从产生影响，涉及实验经济学、行为经济学、制度经济学等多个学科背景，而我们是从制度这一视角进行切入的，重点考察的是制度环境对于企业税收遵从的研究，相较于众多的影响因素，我们的研究切入角度显得有些狭窄，还可进一步广化。

（3）研究数据的时新性遭到客观约束。由于税收遵从行为涉及逃避税问题本身就具有隐秘性，这就使相关数据的搜集变得困难重重，甚至我们都无法得知相关的数据。这也是为什么有关税收遵从的实证分析始终都进展缓慢。而本书运用中国工业企业数据库大数据以及利用会计准则和国民收入账户两种核算方法的差异作为税收遵从的测度指标，实证检验了制度环境对企业税收遵从的影响。然而，遗憾的是，由于中国工业企业数据库本身时间上的局限性，再结合我们的研究需要，我们的最新研究数据是2007年，所以这就直接导致了我们无法观察近些年的企业税收遵从行为，使我们研究的时新性大打折扣。

（4）研究内容有待进一步深化。本书是基于制度环境视角研究的企业税收遵从行为，并分别从产权保护水平、政府官员的腐败程度以及地区法治化水平三个制度维度展开实证研究，尽管在其中也加入了异质性分析希望能够更全面考察背后的影响机理，但这些分析还是较为有限，制度环境对企业税收遵从的影响毕竟是错综复杂的，尚有很多我们可能并不清楚的影响路径，这些都有待我们进一步探讨。

本书的研究不足正好也是未来我们需要尽力完善的地方，包括企业逃避税对企业投资和财政支出会产生怎样的影响，以及背后的作用机制是什么，这些都可以作为我们进一步的研究方向。

参考文献

[1] Acemoglu, D., Johnson, S., and Robinson, J. A., 2001, "The Colonial Origins of Comparative Development: An Empirical Investigation", *American Economic Review*, Vol. 91, pp. 1369 – 1401.

[2] Acemoglu, D., Johnson, S., and Robinson, J. A., 2005, "Institutions as a Fundamental Cause of Long – Run Growth", *Handbook of Economic Growth*, Vol. 1, pp. 385 – 472.

[3] Acemoglu, D., and Verdier, T., 2011, "Property Rights, Corruption and the Allocation of Talent: a General Equilibrium Approach", *Economic Journal*, Vol. 108, pp. 1381 – 1403.

[4] Ades, A., and Tella, R. D., 1999, "Rents, Competition, and Corruption", *American Economic Review*, Vol. 89, pp. 982 – 993.

[5] Allingham, M. G., and Sandmo, A., 1972, "Income Tax Evasion: A Theoretical Analysis", *Journal of Public Economics*, Vol. 1, pp. 323 – 338.

[6] Arrow, K. J., 1970, *Essays in the Theory of Risk – Bearing*, Amsterdam: North – Holland.

[7] Beck, Thorsten., and Demirguc – Kunt, A., 2003, "Law, endowments, and Finance", *Journal of Financial Economics*, forthcoming.

[8] Beck, Thorsten., and Demirguc – Kunt, A., 2003, "SMEs, Growth, and Poverty: Do Pro – SME Policies Work?", *Journal of public*

police for the private sector, Vol. 268, pp. 1 – 4.

[9] Beck, Thorsten., Demirguc – Kunt, A., and V. Maksimovic., 2002, "Financial and Legal Constraints to Firm Growth: Does Size Matter?", Policy Research Working Paper No. 2784.

[10] Beck, Thorsten., and R. Levine., 2002, "Industry growth and capital allocation: Does having a market – or bank – based system matter?", *Journal of Financial Economics*, Vol. 64, pp. 147 – 180.

[11] Becker, G. S., 1968, "Crime and Punishment: An Economic Approach", *Journal of Political Economy*, Vol. 76, pp. 169 – 217.

[12] Cai, H., Fang, H., and Xu, L. C., 2011, "Eat, Drink, Firms and Government: An Investigation of Corruption from the Entertainment and Travel Costs of Chinese Firms", *Journal of Law and Economics*, Vol. 54, pp. 55 – 78.

[13] Cai, H., and Liu, Q., 2009, "Competition and Corporate Tax Avoidance: Evidence from Chinese Industrial Firms", *Economic Journal*, Vol. 119, pp. 764 – 795.

[14] Chander, P., and Wilde, L. L., 1992, "Corruption in tax administration", *Journal of Public Economics*, Vol. 49, pp. 333 – 349.

[15] Chen, K. P., and Chu, C. Y., 2005, "Internal control and external manipulation: a model of corporate income tax evasion", *Rand Journal of Economics*, Vol. 36, pp. 151 – 164.

[16] Claessens, Stijn., and Luc, Laeven., 2003, "Financial Development, Property Rights, and Growth", *Journal of Finance*, Vol. 58, pp. 2401 – 2436.

[17] Clotfelter, C., 1983, "Tax Evasion and Tax Rates: An Analysis of Individual Returns", *Review of Economics and Statistics*, Vol. 65, pp. 363 – 373.

[18] Crocker, K., and Slemrod, J., 2005, "Corporate tax evasion

with agency costs", *Journal of Public Economics*, Vol. 89, pp. 1593 – 1610.

[19] Demirguc – Kunt, A., and V. Maksimovic., 1999, "Institutions, Financial Markets and Firm Debt Maturity", *Journal of Financial Economics*, Vol. 54, pp. 295 – 336.

[20] Demirguc – Kunt, A., and V. Maksimovic., 1998, "Law, Finance, and Firm Growth", *Journal of Finance*, Vol. 53, pp. 2107 – 2137.

[21] Desai, M., and Dharmapala, D., 2006, "Corporate tax avoidance and high powered incentives", *Journal of Financial Economics*, Vol. 79, pp. 145 – 179.

[22] Desai, M., 2005, "The Degradation of Reported Corporate Profit", *Journal of Economic Perspectives*, Vol. 19, pp. 171 – 192.

[23] Desai, M., Dyck, A., and Zingales, L., 2007, "Theft and taxes", *Journal of Financial Economics*, Vol. 84, pp. 591 – 623.

[24] Dyreng, S. D., Hanlon, M., and Maydew, E. L., 2011, "Long – Run Corporate Tax Avoidance", *Social Science Electronic Publishing*, Vol. 83, pp. 61 – 82.

[25] Elffers, H., and D. J. Hessing., 1997, "Influencing the prospects of tax evasion", *Journal of Economic Psychology*, Vol. 18, pp. 289 – 304.

[26] Faccio, M., 2006, "Politically Connected Firms", *American Economic Review*, Vol. 96, pp. 369 – 386.

[27] Fisman, R., and Svensson, J., 2007, "Are Corruption and Taxation Really Harmful to Growth? Firm Level Evidence", *Journal of Development Economics*, Vol. 83, pp. 63 – 75.

[28] Fisman, R., 2001, "Estimating the Value of Political Connections", *American Economic Review*, Vol. 91, pp. 1095 – 1102.

[29] Fisman, Raymond., and Robert, Gatti., 2002, "Decentralization and Corruption: Evidence from U. S. Federal Transfer Pro-

grams", *Public Choice*, Vol. 113, pp. 25 – 35.

[30] Glaeser, Edward., and Raven, Saks., 2006, "Corruption in America", *Journal of Public Economics*, Vol. 90, pp. 1053 – 1072.

[31] Goswami, O., Sanyal, A., and Gang, I. N., 1991, "Taxes, corruption, and bribes: A model of Indian public finance", In M. Roemer and C. Jones (Eds.), Markets in developing countries: Parallel, fragmented, and black, 201 – 213, 252 – 253. San Francisco: ICS Press.

[32] Graetz, M. J., Reinganum, J. F., and Wilde, L. L., 1986, "The tax compliance game: Towards an interactive theory of law enforcement", *Journal of Law, Economics and Organisation*, Vol. 2, pp. 1 – 32.

[33] Kahneman, D., and Tversky, A., 1979, "Prospect theory: an analysis of decision under risk", *Econometrics*, Vol. 47, pp. 263 – 292.

[34] Kumar, K. B., Raghuram G. R., and Luigi, Zingales., 2001, "What Determines Firm Size?", CRSP Working Paper No. 496.

[35] La Porta, R., F. Lopez – de – Silanes, A. Shleifer., and R. W. Vishny., 2002, "Investor Protection and Corporate Valuation", *Journal of Finance*, Vol. 57, pp. 1147 – 1170.

[36] La Porta, R., F. Lopez – de – Silanes, A. Shleifer., and R. W. Vishny., 2000, "Agency Problems and Dividend Policies around the World", *Journal of Finance*, Vol. 55, pp. 1 – 33.

[37] La Porta, R., F. Lopez – de – Silanes, A. Shleifer., and R. W. Vishny., 1997, "Legal Determinants of External Finance", *Journal of Finance*, Vol. 52, pp. 1131 – 1150.

[38] La Porta, R., F. Lopez – de – Silanes, A. Shleifer., and R. W. Vishny., 1998, "Law and Finance", *Journal of Political Economy*, Vol. 106, pp. 1113 – 1155.

[39] Lotz, J. R., and Morss, E. R., 1967, "Measuring 'Tax Effort' in Developing Countries", *International Monetary Fund*, Vol. 14, pp. 478 – 499.

[40] Lui, Francis., 1985, "An Equilibrium Queuing Model of Bribery", *Journal of Political Economy*, Vol. 93, pp. 760 – 781.

[41] Manzon, G. B., and G. A. Plesko., 2002, "The relation between financial and tax reporting measures of Income", *Tax Law Review*, Vol. 55, pp. 175 – 214.

[42] Mauro, P., 1995, "Corruption and growth, Quarterly journal of economics", *Quarterly Journal of Economics*, Vol. 116, pp. 1329 – 1372.

[43] Mertens, J., 2003, "Measuring Tax Effort in Central And Eastern Europe", *Public Finance and Management*, Vol. 3, pp. 530 – 563.

[44] Nie, Huihua., and Jia, Ruixue., 2011, "Institutional Quality and the Ownerships of Foreign Direct Investment in China", Working Paper.

[45] North, D. C., and Thomas, R. P., 1973, *The rise of the Western world : a new economic history*, Cambridge University Press.

[46] North, D. C., 1981, *Structure and Change in Economic History*, New York: Norton.

[47] Petersen, M. A., 2009, "Estimating Standard Errors in Finance Panel Data Sets: Comparing Approaches", *Review of Financial Studies*, Vol. 22, pp. 435 – 480.

[48] Porcano, T. M., 1986, "Corporate Tax Rates: Progressive, Proportional, or Regressive", *Journal of the American Taxation Association*, Vol. 7, pp. 17 – 31.

[49] Qian, Y., and Roland, G., 1998, "Federalism and the Soft Budget Constraint", *American Economic Review*, Vol. 88, pp. 1143 – 1162.

[50] Reinikka, R., and Svensson, J., 2006, "Using Micro –

Surveys to Measure and Explain Corruption", *World Development*, Vol. 34, pp. 359 – 370.

[51] Sanyal, A., Gang, I. N., and Goswami, O., 2000, "Corruption, tax evasion and the Laffer Curve", *Public Choice*, Vol. 105, pp. 61 – 78.

[52] Shevlin, T., 1987, "Taxes and Off – balance – sheet Financing: Research and Development Limited Partnerships", *Accounting Review*, Vol. 62, pp. 480 – 509.

[53] Shleifer, A., and Vishny, R. W., 1993, "Corruption", *Quarterly Journal of Economics*, Vol. 108, pp. 599 – 617.

[54] Slemrod, J., and Yitzhaki, S., 2002, "Tax Avoidance, Evasion, and Administration", Handbook of Public Economics, Vol. 3, pp. 1423 – 1470.

[55] Slemrod, J., 2007, "Cheating Ourselves: The Economics of Tax Evasion", *Journal of Economic Perspectives*, Vol. 21, pp. 25 – 48.

[56] Stickney, C. P., and V. E. McGee., 1982, "Effective Corporate Tax Rates: The Effect of Size, Capital Intensity, Leverage and Other Factors", *Journal of Accounting and Public Policy*, Vol. 1, pp. 125 – 152.

[57] Wang, Y., and You. J., 2012, "Corruption and Firm Growth: Evidence from China", *China Economic Review*, Vol. 23, pp. 415 – 433.

[58] Wei, S. J., and Shleifer, A., 2000, "Local Corruption and Global Capital Flows", *Brookings Papers on Economic Activity*, Vol. 62, pp. 303 – 354.

[59] Wurgler, Jeffrey., 2000, "Financial markets and the allocation of capital", *Journal of Financial Economics*, Vol. 58, pp. 187 – 214.

[60] Xu, W., and Zeng, Y., and Zhang, J., 2011, "Tax Enforcement as a Corporate Governance Mechanism: Empirical Evidence

from China", *Corporate Governance: An International Review*, Vol. 19, pp. 25 – 40.

[61] Yitzhaki, S., 1974, "A Note on Income Tax Evasion: A Theoretical Analysis", *Journal of Public Economics*, Vol. 3, pp. 201 – 202.

[62] 安体富, 王海勇. 企业主观税收遵从度研究——基于上海市企业的问卷调查 [J]. 涉外税务, 2009 (02): 10 – 16.

[63] 蔡地, 万迪昉, 罗进辉. 产权保护、融资约束与民营企业研发投入 [J]. 研究与发展管理, 2012 (02): 85 – 93.

[64] 曹春方, 马连福, 沈小秀. 财政压力、晋升压力、官员任期与地方国企过度投资 [J]. 经济学 (季刊), 2014 (04): 1415 – 1436.

[65] 曹春方. 制度环境、政府行为与募资变更 [D]. 南开大学, 2012.

[66] 曹书军, 刘星, 张婉君. 财政分权、地方政府竞争与上市公司实际税负 [J]. 世界经济, 2009 (04): 69 – 83.

[67] 曾亚敏, 张俊生. 税收征管能够发挥公司治理功用吗? [J]. 管理世界, 2009 (03): 143 – 151, 158.

[68] 陈德球, 魏刚, 肖泽忠. 法律制度效率、金融深化与家族控制权偏好 [J]. 经济研究, 2013 (10): 55 – 68.

[69] 陈刚, 李树, 尹希果. 腐败与中国经济增长——实证主义的视角 [J]. 经济社会体制比较, 2008 (03): 59 – 68.

[70] 陈金保, 陆坤. 企业纳税遵从意识及其影响因素实证研究 [J]. 中央财经大学学报, 2010 (07): 16 – 21.

[71] 陈抗, Arye L. Hillman, 顾清扬. 财政集权与地方政府行为变化——从援助之手到攫取之手 [J]. 经济学 (季刊), 2002 (04): 111 – 130.

[72] 陈凌, 王昊. 家族涉入、政治联系与制度环境——以中国民营企业为例 [J]. 管理世界, 2013 (10): 130 – 141.

[73] 陈平路. 基于行为经济理论的个人偷逃税模型 [J]. 财贸

经济，2007（11）：60-64.

[74] 陈艳艳，罗党论. 地方官员更替与企业投资［J］. 经济研究，2012（S2）：18-30.

[75] 陈志勇，陈思霞. 制度环境、地方政府投资冲动与财政预算软约束［J］. 经济研究，2014（03）：76-87.

[76] 崔文苑. 楼继伟详解财税体制改革思路——发挥财政在国家治理中的重要作用［N］. 经济日报，2013-11-21（006）.

[77] 戴亦一，潘越，冯舒. 中国企业的慈善捐赠是一种"政治献金"吗？——来自市委书记更替的证据［J］. 经济研究，2014（02）：74-86.

[78] 道格拉斯·C. 诺斯. 制度、制度变迁与经济绩效［M］. 上海：格致出版社，三联书店，人民出版社，2014.

[79] 道格拉斯·C. 诺斯. 经济史中的结构与变迁［M］. 上海：人民出版社，1994.

[80] 董晓芳，袁燕. 企业创新、生命周期与聚集经济［J］. 经济学（季刊），2014（2）：767-792.

[81] 凡伯伦. 有闲阶级论［M］. 北京：商务印书馆，1964.

[82] 樊纲，王小鲁，朱恒鹏. 中国市场化指数——各地区市场化相对进程2011年报告［M］. 北京：经济科学出版社，2011.

[83] 范立新. 从税收专制主义到税收宪政主义［D］. 厦门大学，2003.

[84] 范子英，田彬彬. 税收竞争、税收执法与企业避税［J］. 经济研究，2013（09）：99-111.

[85] 范子英. 转移支付、基础设施投资与腐败［J］. 经济社会体制比较，2013（02）：179-192.

[86] 方红生，张军. 财政集权的激励效应再评估：攫取之手还是援助之手？［J］. 管理世界，2014（02）：21-31.

[87] 方军雄. 所有制、制度环境与信贷资金配置［J］. 经济研

究，2007（12）：82-92.

[88] 傅勇. 财政分权、政府治理与非经济性公共物品供给 [J]. 经济研究，2010（08）：4-15，65.

[89] 高培勇. 财政"新常态"："紧日子"可能要来了 [N]. 中国财经报，2015-03-17（001）.

[90] 高培勇. 当前若干重大税收问题的分析 [J]. 税务研究，2008（11）：3-10.

[91] 高培勇. 关于税制与税制变迁 [N]. 中国税务报，2014-05-21（B01）.

[92] 高培勇. 税制变迁的规律 [N]. 中国财经报，2014-05-27（006）.

[93] 高培勇. 税制是什么 [N]. 中国财经报，2014-04-22（006）.

[94] 高培勇. 坦然面对财政收入增速下滑 N]. 光明日报，2013-04-26（011）.

[95] 高培勇. 筑牢国家治理的财政基础和财政支柱 [N]. 光明日报，2013-11-15（011）.

[96] 高琪，曹爱民. 税收法定主义视角下的宏观税负问题 [J]. 税务研究，2013（08）：30-33.

[97] 公婷，吴木銮. 我国2000—2009年腐败案例研究报告——基于2800余个报道案例的分析 [J]. 社会学研究，2012（04）：204-220，246.

[98] 谷成. 税收遵从的理论模型与政策引申——基于对Allingham-Sandmo框架的考察 [J]. 财贸经济，2009（03）：67-71，136-137.

[99] 过勇. 经济转轨、制度与腐败——中国转轨期腐败蔓延原因的理论解释 [J]. 政治学研究，2006（03）：53-60.

[100] 过勇. 经济转轨滋生腐败机会的微观机制研究——从

594个腐败要案中得出的结论[J]. 经济社会体制比较, 2006 (05): 53-59.

[101] 韩霖. 转型经济国家税制结构的变迁、特点及发展趋势[J]. 涉外税务, 2009 (07): 18-23.

[102] 韩灵丽. 论税收法治[J]. 税务研究, 2006 (05): 57-60.

[103] 韩晓琴. 有关纳税遵从的国外研究文献综述[J]. 税收经济研究, 2012 (04): 60-68.

[104] 胡勇辉. 借鉴国外经验 治理我国税收流失[J]. 当代财经, 2004 (3).

[105] 黄玖立, 李坤望. 吃喝、腐败与企业订单[J]. 经济研究, 2013 (06): 71-84.

[106] 黄俊, 张天舒. 制度环境、企业集团与经济增长[J]. 金融研究, 2010 (06): 91-102.

[107] 黄立新. 税收遵从的影响因素探究[J]. 税务研究, 2013 (05): 59-62.

[108] 黄蓉, 易阳, 宋顺林. 税率差异、关联交易与企业价值[J]. 会计研究, 2013 (08): 47-53, 97.

[109] 黄夏岚, 胡祖铨, 刘怡. 税收能力、税收努力与地区税负差异[J]. 经济科学, 2012 (04): 80-90.

[110] 黄新建, 冉娅萍. 官员腐败对公司实际税率影响的实证研究[J]. 南方经济, 2012 (03): 3-12.

[111] 吉黎, 毛程连, 林志威. 转移支付、税收努力与企业避税——基于中国工业企业的实证研究[J]. 中央财经大学学报, 2015 (03): 11-18.

[112] 贾康. 在全面改革中深化财政体制改革[N]. 光明日报, 2013-11-15 (011).

[113] 贾曼莹, 王应科, 丁子茜. 浅议税收文化对税收遵从的

影响 [J]. 税务研究, 2009 (10): 78-80.

[114] 贾绍华. 我国税收流失的测算分析与治理对策探讨 [J]. 财贸经济, 2002 (04): 39-44.

[115] 贾绍华. 中国税收流失问题研究 [D]. 中国社会科学院研究生院, 2001.

[116] 焦耘. 税制变迁的制度分析 [D]. 西南财经大学, 2008.

[117] 焦耘. 制度经济学视野下税制变迁类型研究 [J]. 税务与经济, 2010 (02): 63-67.

[118] 景维民, 张慧君. 制度转型与国家治理模式重构: 进程、问题与前景 [J]. 天津社会科学, 2009 (01): 74-84, 95.

[119] 康芒斯. 制度经济学 (上册) [M]. 北京: 商务印书馆, 1997.

[120] 李后建. 市场化、腐败与企业家精神 [J]. 经济科学, 2013 (01): 99-111.

[121] 李后建. 制度环境、寻租与企业创新 [D]. 重庆大学, 2014.

[122] 李捷瑜, 黄宇丰. 转型经济中的贿赂与企业增长 [J]. 经济学 (季刊), 2010 (04): 1467-1484.

[123] 李丽辉. 财政收入"慢"增长怎么看 [N]. 人民日报, 2013-05-06 (010).

[124] 李林木. 发达国家税制结构的变迁轨迹与未来走向 [J]. 涉外税务, 2009 (07): 8-14.

[125] 李万甫. 落实税收法定原则推动税制改革成果法制化 [J]. 国际税收, 2014 (05): 9-10.

[126] 李先军. 制度背景下中小企业治理结构研究 [D]. 云南大学, 2015.

[127] 李雪灵, 张惺, 刘钊, 陈丹. 制度环境与寻租活动: 源于世界银行数据的实证研究 [J]. 中国工业经济, 2012 (11): 84-96.

[128] 李元旭, 宋渊洋. 地方政府通过所得税优惠保护本地企业吗——来自中国上市公司的经验证据 [J]. 中国工业经济, 2011 (05): 149-159.

[129] 李增福. 税率调整、税收优惠与新企业所得税法的有效性——来自中国上市公司的经验证据 [J]. 经济学家, 2010 (03): 67-72.

[130] 梁东黎, 刘和东. 税收—税率结构对企业部门税负的影响研究 [J]. 东南大学学报（哲学社会科学版）, 2012 (03): 32-37, 126.

[131] 林秀香. 企业纳税行为激励与方式选择 [J]. 税务研究, 2006 (08): 89-91.

[132] 刘爱明. 企业所得税特别纳税调整研究 [D]. 中南大学, 2012.

[133] 刘东洲. 从新制度经济学角度看税收遵从问题 [J]. 税务研究, 2008 (07): 75-77.

[134] 刘芳. 逃税避税及影响因素的经济分析 [D]. 华中科技大学, 2004.

[135] 刘刚. 中国制度变迁和演化路径的多样性 [J]. 南开学报（哲学社会科学版）, 2007 (05): 46-57.

[136] 刘行, 叶康涛. 企业的避税活动会影响投资效率吗？[J]. 会计研究, 2013 (06): 47-53, 96.

[137] 刘华, 黄熠琳, 张天敏. 前景理论及其个人纳税遵从研究概述 [J]. 国外社会科学, 2010 (03): 94-99.

[138] 刘华, 王婷, 周琦深. 税收遵从研究述评：基于数据获取与应用视角 [J]. 税务研究, 2014 (01): 88-91.

[139] 刘华, 阳尧, 刘芳. 税收遵从理论研究评述 [J]. 经济学动态, 2009 (08): 116-120.

[140] 刘慧龙, 吴联生. 制度环境、所有权性质与企业实际税

率 [J]. 管理世界, 2014 (04): 42-52.

[141] 刘剑文. 法治税收为税制改革保驾护航 [N]. 中国税务报, 2015-08-18 (A01).

[142] 刘剑文. 法治应该是税收的一个新常态 [N]. 中国税务报, 2015-01-28 (B01).

[143] 刘剑文. 论财政法定原则——一种权力法治化的现代探索 [J]. 法学家, 2014 (04): 19-32, 176-177.

[144] 刘剑文, 耿颖. 税收法定原则的完整内涵及现实意义 [N]. 经济参考报, 2015-03-11 (008).

[145] 刘军梅. 经济全球化与转型国家的制度变迁 [J]. 世界经济研究, 2002 (05): 12-16.

[146] 刘磊. 论税收法律主义原则 [J]. 涉外税务, 1999 (01): 14-19.

[147] 刘磊. 论税收立法的民主过程——公共选择理论及其借鉴意义 [J]. 涉外税务, 1999 (08): 14-20.

[148] 刘婷婷, 张慧君. 转型深化进程中的国家治理模式重构 [J]. 俄罗斯研究, 2008 (03): 26-33.

[149] 刘小玄, 李双杰. 制造业企业相对效率的度量和比较及其外生决定因素 (2000~2004) [J]. 经济学 (季刊), 2008 (03): 843-868.

[150] 刘燕, 张龙林, 付春光. 转型国家的制度困境与中国转型的策略选择 [J]. 中央财经大学学报, 2012 (10): 81-86.

[151] 刘勇政, 冯海波. 腐败、公共支出效率与长期经济增长 [J]. 经济研究, 2011 (09): 17-28.

[152] 刘振彪. 我国税收遵从影响因素的实证分析 [J]. 财经理论与实践, 2010 (03): 93-96.

[153] 柳新元. 制度安排的实施机制与制度安排的绩效 [J]. 经济评论, 2002 (04): 48-50.

[154] 龙硕, 胡军. 政企合谋视角下的环境污染: 理论与实证研究 [J]. 财经研究, 2014 (10): 131-144.

[155] 楼继伟. 中国政府间财政关系再思考 [M]. 北京: 中国财政经济出版社, 2013.

[156] 罗党论, 唐清泉. 中国民营上市公司制度环境与绩效问题研究 [J]. 经济研究, 2009 (02): 106-118.

[157] 罗党论, 魏翥. 政治关联与民营企业避税行为研究——来自中国上市公司的经验证据 [J]. 南方经济, 2012 (11): 29-39.

[158] 罗党论, 杨玉萍. 产权、地区环境与新企业所得税法实施效果——基于中国上市公司的企业税负研究 [J]. 中山大学学报 (社会科学版), 2011 (05): 200-210.

[159] 罗光. 基于 A-S 模型的增值税逃税研究 [D]. 华中科技大学, 2007.

[160] 罗纳德·H. 科斯等. 财产权利与制度变迁: 产权学派与新制度学派译文集 [M]. 上海: 格致出版社, 三联书店, 人民出版社, 2014.

[161] 吕炜, 陈海宇. "减税" 还需 "减费": 非税负担对企业纳税遵从的影响 [J]. 经济学动态, 2015 (06): 45-55.

[162] 吕炜, 陈海宇. 中国新一轮财税体制改革研究——定位、路线、障碍与突破 [J]. 财经问题研究, 2014 (01): 3-10.

[163] 吕炜. 中国公共政策发展报告 2015 [M]. 大连: 东北财经大学出版社, 2015.

[164] 吕炜. 中国新一轮财税体制改革 [M]. 大连: 东北财经大学出版社, 2013.

[165] 吕炜. 转轨过程中的财政职能界定与实现: 基于体制的评价与改革 [J]. 世界经济, 2006 (11): 85-94.

[166] 吕炜. 关于渐进改革进程中财政体制演进原理的思考 [J]. 管理世界, 2003 (10): 139-140.

[167] 吕炜. 中国经济转轨进程中的财政制度创新逻辑 [J]. 世界经济, 2003 (10): 44-49.

[168] 麻勇爱. 纳税人遵从理论及其借鉴意义——关注纳税人的"个性"特征及个体利益 [J]. 涉外税务, 2002 (04): 18-21.

[169] 马光荣, 李力行. 政府规模、地方治理与企业逃税 [J]. 世界经济, 2012 (06): 93-114.

[170] 马光荣. 制度、企业生产率与资源配置效率——基于中国市场化转型的研究 [J]. 财贸经济, 2014 (08): 104-114.

[171] 马国强. 纳税人行为方式研究 [J]. 涉外税务, 2000 (04): 18-21.

[172] 马海涛, 肖鹏. 中国财税体制改革30年经验回顾与展望 [J]. 中央财经大学学报, 2008 (02): 1-6.

[173] 马拴友. 税收流失的博弈分析 [J]. 财经问题研究, 2001 (06): 3-8.

[174] 毛程连, 吉黎. 税率对外资企业逃避税行为影响的研究 [J]. 世界经济, 2014 (06): 73-89.

[175] 梅伟霞. 我国转型期政企关系研究 [D]. 武汉大学, 2013.

[176] 聂辉华, 江艇, 杨汝岱. 中国工业企业数据库的使用现状和潜在问题 [J]. 世界经济, 2012 (05): 142-158.

[177] 聂辉华, 蒋敏杰. 政企合谋与矿难: 来自中国省级面板数据的证据 [J]. 经济研究, 2011 (06): 146-156.

[178] 聂辉华, 李金波. 政企合谋与经济发展 [J]. 经济学 (季刊), 2007 (01): 75-90.

[179] 聂辉华, 李翘楚. 中国高房价的新政治经济学解释——以"政企合谋"为视角 [J]. 教学与研究, 2013 (01): 50-62.

[180] 聂辉华, 张雨潇. 分权、集权与政企合谋 [J]. 世界经济, 2015 (06): 3-21.

[181] 聂辉华、张彧、江艇. 中国地区腐败对企业全要素生产率的影响 [J]. 中国软科学, 2014 (05): 37-48.

[182] 聂辉华. 腐败对效率的影响: 一个文献综述 [J]. 金融评论, 2014 (01): 13-23, 123.

[183] 庞凤喜, 潘孝珍. 我国企业税费负担状况分析及改革建议 [J]. 会计之友, 2014 (20): 107-115.

[184] 彭培鑫, 朱学义. 两税合并对我国上市公司所得税负担的影响 [J]. 西南科技大学学报 (哲学社会科学版), 2010 (05): 13-18.

[185] 皮天雷. 经济转型中的法治水平、政府行为与地区金融发展——来自中国的新证据 [J]. 经济评论, 2010 (01): 36-49.

[186] 钱晟, 李筱强. 对我国上市公司 2001~2002 年企业所得税负担的实证研究 [J]. 税务研究, 2003 (09): 30-36.

[187] 乔尔·赫尔曼, 叶谦, 宾建成. 转型经济中对抗政府俘获和行政腐败的策略 [J]. 经济社会体制比较, 2009 (02): 89-94.

[188] 乔尔·赫尔曼, 马克·施克曼, 王新颖. 转轨国家的政府干预、腐败与政府被控——转型国家中企业与政府交易关系研究 [J]. 经济社会体制比较, 2002 (05): 26-33.

[189] 饶立新, 刘芹, 郭勋才. 避税与反避税博弈分析 [J]. 税务研究, 2002 (06): 67-69.

[190] 任颋, 茹璟, 尹潇霖. 所有制性质、制度环境与企业跨区域市场进入战略选择 [J]. 南开管理评论, 2015 (02): 51-63.

[191] 邵传林, 裴志强. 制度环境对企业规模非线性影响效应的测度——来自中国工业企业的证据 [J]. 产经评论, 2015 (01): 34-47.

[192] 邵传林. 制度环境、财政补贴与企业创新绩效——基于中国工业企业微观数据的实证研究 [J]. 软科学, 2015 (09): 34-37, 42.

[193] 申宇,傅立立,赵静梅. 市委书记更替对企业寻租影响的实证研究 [J]. 中国工业经济, 2015 (09): 37-52.

[194] 沈红波,潘飞,高新梓. 制度环境与管理层持股的激励效应 [J]. 中国工业经济, 2012 (08): 96-108.

[195] 施正文. 落实税收法定原则加快完善税收制度 [J]. 国际税收, 2014 (03): 21-24.

[196] 史宇鹏,和昂达,陈永伟. 产权保护与企业存续:来自制造业的证据 [J]. 管理世界, 2013 (08): 118-125, 135, 188.

[197] 宋渊洋,李元旭. 制度环境多样性、跨地区经营经验与服务企业产品市场绩效——来自中国证券业的经验证据 [J]. 南开管理评论, 2013 (01): 70-82.

[198] 孙刚,陆铭,张吉鹏. 反腐败、市场建设与经济增长 [J]. 经济学(季刊), 2005 (S1): 1-22.

[199] 孙刚. 税务稽查、公司避税与债务融资成本 [J]. 山西财经大学学报, 2013 (03): 78-89.

[200] 孙玉霞. 税收遵从:理论与实证 [M]. 社会科学文献出版社, 2008.

[201] 孙园. 我国税收管理制度研究 [D]. 厦门大学, 2007.

[202] 谭光荣,黄慧. 新企业所得税法的税收激励效应——基于我国上市高新技术企业的实证分析 [J]. 财政研究, 2010 (04): 24-27.

[203] 唐跃军,左晶晶,李汇东. 制度环境变迁对公司慈善行为的影响机制研究 [J]. 经济研究, 2014 (02): 61-73.

[204] 唐朱昌,霍明,任品. 腐败会抑制市场化程度吗?——基于省际面板经验分析 [J]. 南方经济, 2014 (04): 9-23.

[205] 田彬彬,陶东杰. 最低工资标准与企业税收遵从——来自中国工业企业的经验证据 [J]. 经济社会体制比较, 2019 (01): 41-51.

[206] 万华林,陈信元. 治理环境、企业寻租与交易成本——基于中国上市公司非生产性支出的经验证据[J]. 经济学(季刊),2010(02):553-570.

[207] 万良勇. 法治环境与企业投资效率——基于中国上市公司的实证研究[J]. 金融研究,2013(12):154-166.

[208] 王道树. 税收流失估算:美国的经验及其对我国的启示[J]. 涉外税务,2011(08):12-22.

[209] 王锐. 税收不遵从的识别研究[D]. 浙江大学,2003.

[210] 王伟域. 税收遵从:从理性到现实的研究[D]. 华中科技大学,2009.

[211] 王续添. 中心主义政治制度与"中国政治模式"[J]. 经济社会体制比较,2010(06):112-116.

[212] 王延明,李韬. 不同地区上市公司所得税优惠的实证分析[J]. 税务研究,2003(04):53-57.

[213] 王延明. 上市公司实际所得税率影响因素分析[J]. 经济管理,2003(20):79-87.

[214] 王延明. 上市公司所得税负担研究——来自规模、地区和行业的经验证据[J]. 管理世界,2003(01):115-122.

[215] 王延明. 上市公司所得税率变化的敏感性分析[J]. 经济研究,2002(09):74-80,95.

[216] 王跃堂,王亮亮,贡彩萍. 所得税改革、盈余管理及其经济后果[J]. 经济研究,2009(03):86-98.

[217] 王志刚,龚六堂. 财政分权和地方政府非税收入:基于省级财政数据[J]. 世界经济文汇,2009(05):17-38.

[218] 魏下海,董志强,金钊. 腐败与企业生命力:寻租和抽租影响开工率的经验研究[J]. 世界经济,2015(01):105-125.

[219] 魏下海,董志强,刘愿. 政治关系、制度环境与劳动收入份额——基于全国民营企业调查数据的实证研究[J]. 管理世界,

2013 (05): 35-46, 187.

[220] 文雁兵. 包容型政府行为逻辑、治理模式与经济绩效研究 [D]. 浙江大学, 2014.

[221] 吴联生, 李辰. "先征后返"、公司税负与税收政策的有效性 [J]. 中国社会科学, 2007 (04): 61-73, 205.

[222] 吴联生. 国有股权、税收优惠与公司税负 [J]. 经济研究, 2009 (10): 109-120.

[223] 吴文锋, 吴冲锋, 芮萌. 中国上市公司高管的政府背景与税收优惠 [J]. 管理世界, 2009 (03): 134-142.

[224] 吴文锋, 吴冲锋, 刘晓薇. 中国民营上市公司高管的政府背景与公司价值 [J]. 经济研究, 2008 (07): 130-141.

[225] 吴旭东, 姚巧燕. 基于行为经济学视角的税收遵从问题研究 [J]. 财经问题研究, 2011 (03): 84-89.

[226] 吴一平, 芮萌. 地区腐败、市场化与中国经济增长 [J]. 管理世界, 2010 (11): 10-17, 27.

[227] 吴一平, 王健. 制度环境、政治网络与创业：来自转型国家的证据 [J]. 经济研究, 2015 (08): 45-57.

[228] 吴一平. 财政分权、腐败与治理 [J]. 经济学（季刊）, 2008 (03): 1045-1060.

[229] 吴毓壮. 新制度经济学视角下的中国税制改革研究 [J]. 经济体制改革, 2005 (05): 101-104.

[230] 吴祖光, 万迪昉, 罗进辉. 市场化程度、代理成本与企业税收负担——基于不同产权主体的研究 [J]. 经济管理, 2011 (11): 1-8.

[231] 伍云峰. 我国税收流失规模测算 [J]. 当代财经, 2008 (05): 38-42.

[232] 夏立军, 方轶强. 政府控制、治理环境与公司价值——来自中国证券市场的经验证据 [J]. 经济研究, 2005 (05): 40-51.

[233] 谢千里,罗斯基,张轶凡. 中国工业生产率的增长与收敛[J]. 经济学(季刊),2008(03):809-826.

[234] 熊光清. 当代中国政治发展前后30年之比较分析:制度变迁的视角[J]. 社会科学研究,2009(04):58-64.

[235] 许景婷,许敏,陈静. 我国上市公司所得税负担实证研究[J]. 南京工业大学学报(社会科学版),2009(02):55-59.

[236] 许评,王韬. 税收遵从的行为经济学研究述评[J]. 财会月刊,2007(20):30-31.

[237] 许评. 基于有限理性的个人纳税人遵从决策研究[D]. 华中科技大学,2007.

[238] 薛菁. 税收遵从成本对企业纳税遵从的影响分析——基于企业逃税模型的视角[J]. 经济与管理,2011(02):24-28.

[239] 杨碧云,易行健,易君健. 我国逃税规模的测算和经济影响分析[J]. 湖南税务高等专科学校学报,2003(06):3-7.

[240] 杨得前. 税收遵从的理论研究及其在税收管理中的应用[D]. 上海理工大学,2006.

[241] 杨得前. 税制特征与税收遵从:一个经验分析[J]. 华东经济管理,2012(01):72-76.

[242] 杨开忠,陶然,刘明兴. 解除管制、分权与中国经济转轨[J]. 中国社会科学,2003(03):4-17,205.

[243] 杨绍媛. 对我国地下和公开经济中税收流失规模的测算及启示[J]. 贵州财经学院学报,2006(05):48-52.

[244] 叶康涛,刘行. 税收征管、所得税成本与盈余管理[J]. 管理世界,2011(05):140-148.

[245] 易行健,杨碧云,易君健. 我国逃税规模的测算及其经济影响分析[J]. 财经研究,2004(01):31-40.

[246] 于李胜,李成. 税制分权改革与上市公司的税收规避行为[J]. 厦门大学学报(哲学社会科学版),2010(04):123-130.

[247] 于文超, 李树, 袁燕. 官员更替、产权性质与企业避税 [J]. 浙江社会科学, 2015 (08): 14 - 25, 156.

[248] 余明桂, 回雅甫, 潘红波. 政治联系、寻租与地方政府财政补贴有效性 [J]. 经济研究, 2010 (03): 65 - 77.

[249] 余明桂, 李文贵, 潘红波. 民营化、产权保护与企业风险承担 [J]. 经济研究, 2013 (09): 112 - 124.

[250] 余明桂, 潘红波. 政府干预、法治、金融发展与国有企业银行贷款 [J]. 金融研究, 2008 (09): 1 - 22.

[251] 余明桂, 潘红波. 政治关系、制度环境与民营企业银行贷款 [J]. 管理世界, 2008 (08): 9 - 21, 39, 187.

[252] 余雁刚. 中国税收制度变迁研究 [D]. 厦门大学, 2002.

[253] 袁渊, 左翔. "扩权强县"与经济增长: 规模以上工业企业的微观证据 [J]. 世界经济, 2011 (03): 89 - 108.

[254] 岳朝龙, 曹金飞, 张国庆. 基于合谋下的税收征管激励机制设计 [J]. 经济理论与经济管理, 2008 (01): 39 - 42.

[255] 张斌, 樊丽明. 税收法治的内涵与目标 [J]. 税务研究, 2002 (04): 66 - 70.

[256] 张功富. 政府干预、政治关联与企业非效率投资——基于中国上市公司面板数据的实证研究 [J]. 财经理论与实践, 2011 (03): 24 - 30.

[257] 张洪辉. 制度环境、管理者行为对上市公司效率的影响研究 [D]. 华中科技大学, 2011.

[258] 张杰, 李勇, 刘志彪. 出口促进中国企业生产率提高吗？——来自中国本土制造业企业的经验证据: 1999 ~ 2003 [J]. 管理世界, 2009 (12): 11 - 26.

[259] 张军, 高远, 傅勇, 张弘. 中国为什么拥有了良好的基础设施？ [J]. 经济研究, 2007 (03): 4 - 19.

[260] 张莉, 高元骅, 徐现祥. 政企合谋下的土地出让 [J].

管理世界，2013（12）：43 – 51，62．

［261］张伦俊，李淑萍．规模以上工业企业的行业税负研究［J］．统计研究，2012（02）：66 – 72．

［262］张敏．制度环境对我国上市公司融资决策的影响研究［D］．大连理工大学，2013．

［263］张念明，庞凤喜．稳定税负约束下我国现代税制体系的构建与完善［J］．税务研究，2015（01）：48 – 54．

［264］张少华，张天华．生产率、产权保护与企业存续：基于中国工业企业的经验研究［J］．南京大学学报（哲学·人文科学·社会科学），2015（03）：25 – 36，157 – 158．

［265］张天敏．管理者与企业避税行为研究［D］．华中科技大学，2012．

［266］张阳．中国企业所得税税负归宿的一般均衡分析［J］．数量经济技术经济研究，2008（04）：131 – 141．

［267］赵芳春．完善我国税收法治的制度安排［J］．税务研究，2010（05）：69 – 71．

［268］郑宝凤．新制度经济学下的税制变迁和税收遵从的相关性研究［J］．开发研究，2011，05：124 – 128．

［269］郑影．纳税人税收遵从行为及其影响因素［J］．公共经济与政策研究，2014（01）：144 – 156．

［270］周黎安，刘冲，厉行．税收努力、征税机构与税收增长之谜［J］．经济学（季刊），2012（01）：1 – 18．

［271］周黎安，陶婧．政府规模、市场化与地区腐败问题研究［J］．经济研究，2009（01）：57 – 69．

［272］周黎安．中国地方官员的晋升锦标赛模式研究［J］．经济研究，2007（07）：36 – 50．

［273］周黎安，张维迎，顾全林，汪森军．企业生产率的代际效应和年龄效应［J］．经济学（季刊），2007（04）：1297 – 1318．

［274］周林彬，李胜兰. 我国民营企业产权法律保护思路刍议——一种法律经济学的观点［J］. 制度经济学研究，2003（02）：34-50.

［275］周晓唯，张璐. 征税与纳税行为博弈关系的实证分析——减少税收流失的对策选择［J］. 税务与经济，2008（03）：93-99.

［276］周雪光. 基层政府间的"共谋现象"——一个政府行为的制度逻辑［J］. 社会学研究，2008（06）：1-21，243.

［277］周叶. 税收遵从度的衡量［J］. 税务研究，2006（04）：64-66.

［278］周中胜，何德旭，李正. 制度环境与企业社会责任履行：来自中国上市公司的经验证据［J］. 中国软科学，2012（10）：59-68.

［279］周中胜. 会计—税收差异与盈余质量：基于中国上市公司的经验研究［J］. 上海经济研究，2009（05）：48-54.

［280］朱晓波. 税收法律既定条件下的纳税人纳税利益选择［J］. 税务研究，2014（06）：63-66.